ビジトレ

今日から始めるミドルシニアのキャリア開発

BUSINESS TRAINING

KENNOSUKE TANAKA
KOICHI ASAI
MASAOMI MIYAUCHI

田中研之輔・浅井公一・宮内正臣［著］

金子書房

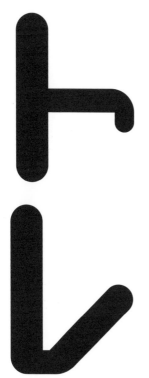

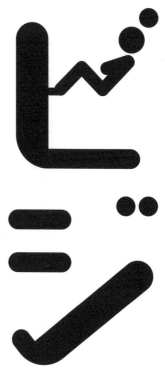

はじめに　今こそ、ビジトレ！

○ビジネス×トレーニング

今の仕事に満足していますか？
あと何年、働き続けますか？

ビジネスパーソンなら誰もが一度は向き合ったことのある、これらの問いから本書を始めます。目の前の業務に追われ、日頃はこれらのことを深く考える時間はありませんよね。いつも会社のことを考え、常に、部門売上や組織内での人事評価を気にしてきたのではないでしょうか？

働きがい、やりがい、生きがいを大切にしたい。

そんな風に語るのは、ビジネスパーソンとしては小っ恥ずかしい。社内では「働き方や生き方の哲学を語るようになったらおしまいだ」、「その前に成果を出せ」と一蹴されてきたのではないでしょうか。

結果が全て。それがビジネスの世界。そんな「結果主義の激震地」で戦い続けているのですよね。

まず、深呼吸をしてください。

一度、目を瞑って心を落ち着かせ、ゆっくりと視点を**あなたに**向けてください。

大切なことは、**あなたが働く企業についてではなく、あなた自身の働き方について考えることなのです。**組織の目線ではなく、個人の視座を確立するのです。

個人の視座を確立する意味は、二つあります。

一つは、今いる組織であなたのビジネスパフォーマンスを高めていくこと。
もう一つは、組織に頼らない働き方の練習を今から積み重ねておくこと。

一つ目の点は、本書のビジトレの中で、詳しく取り上げていくことにします。もう一つの点ですが、定年退職後の「生き方」について考えてみてください。

イメージしてほしいのは、最終出社日の翌朝のこと。もう目覚ましで起きなくてもいい。満員電車にも乗らなくていい。メールの返信を気にしなくてもいい。ときに、わずらわしい社内の人間関係を心配する必要もないのです。

勤労からの解放。ようやく手に入れた自由。お勤めご苦労様！　さあ、何をしましょうか？　これから数十年の時間は、あなたの好きなように生きていい。趣味？　地域活動？　海外旅行？

身体のコンディションはどうでしょう？　定年退職を迎えたあなたは、いたって元気。働かないで時間を持て余すのではなく、まだ働きたい、あなたは、そう思うはずです。年金だけを頼りにする数十年は、あまりに長い。毎日のリビングコストに不安を抱くものです。その際に、あなたの選択肢の中に、自ら稼ぐという選択肢も用意しておきたいものです。個人で新たな仕事を創出していくこともできる。そうした準備や練習を今のうちから積み重ねておきませんか?

組織内の昇進や昇格のみに一喜一憂するのではなく、どう働きたいか、どう生きていきたいかというあなたが大切にする価値観を軸に、これから数十年続くキャリアをあなたが自ら形成していく。

本書で考えることとは、「あなたのこれからの働き方や生き方のアップデート」についてです。

それはあなたの家族やあなたが大切にしている方についても関連することです。**個人を軸**にして**これからの働き方や生き方**について考えていきたいのです。

アップデートというのは、現状を把握し、何らかの「不具合」があるのなら調整をして、更新していくことです。そのため、本書を手にするビジネスパーソンの方々に、「このままでいいですよ。」という優しい言葉を投げかけるつもりはありません。その優しさが冷たさであることも知っているからです。

あなたが置かれている現状を理解して、より良きキャリア形成を歩みませんか、ということを伝えたいのです。

働き方や生き方をアップデートする方法を模索し、開発するために、私たちは一つのプロジェクトを立ち上げることにしました。

プロジェクトメンバーは、

NTTコミュニケーションズ株式会社人材開発担当課長の浅井公一、

企業現場でミドルシニア社員を対象にした研修講師を務める宮内正臣、

法政大学キャリアデザイン学部で教員を務める田中研之輔、

の三名です。

浅井はＮＴＴコミュニケーションズに勤務する50代のベテラン社員に面談を重ねています。宮内は社内研修の講師として日頃からベテラン社員のキャリア開発を支援しています。田中はキャリア論の知見からの発信を続けるとともに、複数社の企業顧問を勤めながら、より良い職場づくりに尽力しています。

そんな三人が、常々感じている共通の問題意識があります。

□やりがいを感じながら働くビジネスパーソンは少ない（個人の視点）
□ビジネスパーソンを応援する組織体制が整っている職場は少ない（組織の視点）

このように考えているのです。もちろん、働く現場の問題やビジネスパーソンのモチベーションに関する著作は、これまでも数多く出版されてきました。本書を手にした読者の方々も、様々な著作を読んでこられたと思います。

私たちは、本書を通じて、**問題認識の一歩先まで**読者の皆様と踏み出していきます。具体的には、ビジネスシーンのリアルな分析を通じて、やりがいを感じながら働くビジネスパーソンを一人でも多く増やしていくこと。さらに、ビジネスパーソンを応援する組織体制を考えるためのソリューションを提示していきます。願わくば本書の延長線上に、個人の生産性を高め、その相乗効果として組織の生産性も高めていくことを狙っているのです。

その手法が、「**ビジトレ**」です。

ビジトレとは、ビジネス×トレーニングの略語。

ビジトレは社会環境の変化に適合していくために、ビジネスシーンで必要とされるスキル・センス・マインドなどを改善していくためのキャリア開発の手法です。

○ビジトレの狙い

著者である私たち三人は、本書のビジトレを通じて、皆さんがビジネスパーソンとしてのパフォーマンスを上げていくことを望んでいます。やや専門的な言い方で述べるとするなら、**ビジトレでキャリア開発をしていく**ことが本書の狙いとなります。（キャリア開発という考え方については、第五章で詳しく解説します。）

ビジトレでキャリア開発をしていくと、「痛み」を感じるかもしれません。なぜなら、**現状維持ではなくて、現状変革を求めていくからです。**これまでのあなたのままではなくて、あなたの成長を促進させるのです。

ビジトレを勧める理由は他にもあります。これだけ劇的に社会が変化していく中で、「このままを続けること」、「組織にしがみつき逃げ切ろう」とすること自体が、リスクだと考えているからです。ビジネスパーソンにとっての現状維持は、自己を守るセーフティネットにならないのです。

だからこそ、一歩を踏み出す。

「痛み」が「喜び」へと感じられる局面にまで到達したら、こっちのものです。ビジネスパーソンとしてのパフォーマンスは、いつからでもどこからでも上げていくことができる。

生物学的年齢なんて、関係ない。

その例としてですが、先日マレーシアのマハティール首相が辞任したことがニュースになっていました。なんと94歳。60歳や65歳で、「使い物にならない」わけがないのです。何歳からでも自己成長できる。ビジネスパフォーマンスを高め、ビジネスシーンで活躍することができるのです。

ビジトレは、そうした認識の上に立ち、開発しました。

あなた自身、社内や社外でビジネス研修を受講した機会は、一度や二度ではありませんよね。今回もその手の形式的な動機付けか……と決めつけずに、本書との出会いをきっかけにしていったん「ゼロ＝スタート地点」に立ってほしいのです。

私たち著者は、本気です。

本書の読者として想定しているのは、社会に出てキャリアを形成してきたビジネスパーソンの皆さん。とくに、30歳から70歳ぐらいまでのミドルシニア社員の方々に手にとってほしいと思います。

なかでも、**本書の内容と今、直接重なるのは、45歳から60歳ぐらいのミドルシニアのビジネスパーソンの方々です**。

とはいえ、大学を卒業し、ファーストキャリア形成にいる若手ビジネスパーソンの方々にも、いずれ直面する悩みや問題として自分事として参考にしていただければ幸いです。また、30歳以下の若手ビジネスパーソンの方々も、自分事として読み進めてください。一生懸命働いている人ほど、あっという間にミドルエイジを迎えることになります。

経営者や人事担当者にも本書を通じて、伝えたいことがあります。これからの企業経営で必要なことは、一つの組織の中だけで通用する組織内人材を育て、終身で囲い続けることではありません。社会変化に対して自らキャリアを形成していく人材を育成していく人事施策を充実化させていく必要があります。経営者が社員の育成を諦めたら組織の成長は止まります。

転職や副業の流れは、今後もさらに加速していくことになります。雇用は今より流動化し、良くも悪くも組織の新陳代謝が良くなっていくのです。こうした社会変化を捉え、ビジトレを通じて、組織内の人材育成から、個々人を支援するキャリア開発へと施策シフトに取り組んでください。

◯キャリアコンサルティングとしてのビジトレ

本書を一人でも多くのビジネスパーソンに届けてくださるキーパーソンは、「キャリアコンサルタント」の方々です。2016年4月1日よりキャリアコンサルタントが国家資格化され4年が経過しました。現在は、3万人を超えるキャリアコンサルタント国家資格取得者が、企業や学校、その他の組織で活動しています（平成30年3月時点）。

キャリアコンサルタントの方々は、日頃からキャリアに関する理論的理解を深めることに取り組まれています。それらの理論的知見に基づき、ビジネスパーソンへのキャリア相談やアドバイスを行う方々が増えてきました。企業、個人のキャリア開発の統合に向けて、また媒介役としてのキャリアコンサルタントの活躍が期待されています。

活躍が期待される一つとして2016年度に厚生労働省が開始したセルフ・キャリアドック制度があります。セルフ・キャリアドック制度は、2016年度から実施され、2018

年度からセルフ・キャリアドック普及拡大加速化事業がスタートしました。

セルフ・キャリアドックの人材育成ビジョン・方針に基づき、キャリアコンサルティング面談と多様なキャリア研修などを組み合わせて、従業員の主体的なキャリア形成を促進・支援する総合的な取り組みを実施している企業もあります。

ビジネスパーソンのキャリア形成を促進・支援することを目的として定期的なキャリアコンサルティングとキャリア研修を実施しているセルフ・キャリアドック推進企業、ならびに、担当者の方々にも本書を手にとってもらいたいと思います。

ちなみに、セルフ・キャリアドックでは、個人の面談よりも「個人と組織の関係性」に重きを置いています（参照　高橋 浩・増井 一 2019『セルフ・キャリアドック入門』金子書房）。

本書のビジトレで大切にしていくことも、個人のキャリア開発だけではなく、「個人と組

織のより良い関係性」に基づくキャリア開発になります。キャリアコンサルティングで個人と組織を元気にする**方法**を示した『セルフ・キャリアドック』の流れを受けつつ、本書『ビジトレ』はその**実践**について明らかにしていきます。そしてビジトレでは、「個人と組織の共創関係（Ｗｉｎ-Ｗｉｎの関係）」（高橋・増井 ２０１９）の具体的な実践方法を示していきます。

筆者たちは専門的な用語を「翻訳」して使用することの必要性を常々感じています。有益な知見であっても、研究者の専売特許にしているうちは、社会的なインパクトを生み出すことはないのです。

たとえば、「キャリア開発研修をします」と言うのと、「ビジトレをします」と言うのでは、参加者のモチベーションや構えも大きく変わってくるのです。わかりやすい、とっつきやすい言葉に、本質的な取り組みを埋め込んでいくことが求められているのです。

本書は、キャリアに関する専門的な知見に詳しくない方でも、関心を持って読んでいただけるように、「現場感覚」を大切にまとめてあります。**キャリアコンサルタント**の方々がそれぞれの現場でビジトレに取り組んでもらえるのでしたら、嬉しく思います。

ミドルシニアのキャリア開発の「現場感覚」をより鮮明に想起できるように、本書では著者の一人である浅井が勤務するＮＴＴコミュニケーションズでの取り組みを取り上げていきます。詳しくは本編で触れることにします。

○本書の構成

本書で展開するビジトレは、主に五つの章から構成されています。

第一章は、**自らキャリアを開発する自主トレセクション**です。ダイエットをしようとすると、私たちは「できない理由」を探しがちです。忙しいから、会食が続くから、と。「できない理由」をいくつも並べている人は、絶対、痩せません。

ビジトレも同じです。今の職場では仕方ない、今の上司の下では仕方ない、と。「できない理由」を並べる前に、**自分自身に徹底的に向き合ってもらうこと**にします。ビジトレから逃げ出すようでは、この先、あなたのビジネスパフォーマンスには暗雲が立ち込めると思っていただいてよいです。

第二章では、**組織主導のキャリア開発の一つとして注目されている社内研修**を取り上げていきます。ビジトレのポイントは、個人での取り組みと企業の取り組みを相互に連携させながら、ビジネスパフォーマンスを高めていくことにあります。今、あなたがお勤めの企業でキャリア開発研修がなかったり、形式的な研修として形骸化しているのであるならば、「新規開発」や「荒治療」が必要なのです。著者の一人である浅井は、NTTコミュニケーションズで、キャリア開発研修を立ち上げました。ゼロからの立ち上げです。その経緯をみていくことで、勤務先での導入のヒントにもなると思います。

また、もちろん、すでに勤務先で企業研修を受講している方は、これまでのご自身の受講の様子とNTTコミュニケーションズのベテラン社員の方の様子を比較してみるのも興味深いはずです。同じような境遇に置かれたベテラン社員の「生の声」にご自身の思いをのせて、読んでみてください。

第三章は、**組織主導のキャリア開発の中でも、キャリア面談**を取り上げます。NTTコミュニケーションズでのキャリア面談は、1on1の個人面談で実施されています。浅井が一人で1800人近くのベテラン社員の個人面談を行っています。キャリア開発研修も、キャリア面談も、受講するだけでは意味がありません。浅井が狙いとするのは、「行動変容」です。知識や考え方として知って終わりではなく、行動に移すことが大切なのです。社内研修での学びを現場の働き方に「転移」させていくのです。浅井は、キャリア面談受講者の75%のベテラン社員に行動変容がみられたと面談レポートをまとめています。先述した通り、ビジネスパーソンは、いつからでも「変われる」のです。

第四章では、**ミドルシニア社員の活性化施策**について具体的に明らかにします。NTTコミュニケーションズで実施されているキャリアデザイン研修とキャリア面談を踏まえ、ミドルシニア社員がいかにして行動変容を起こしていくのか、その秘密を探ります。また、この個別事例を参考にして、他企業に導入する際のポイントや人事施策の勘所を押さえていきます。

第五章では、**キャリア開発に関する理論的視座について整理**をしておきます。理論的視座も①個人によるキャリア開発と、②組織によるキャリア開発、そしてそれを統合した③個人と組織の双方からのキャリア開発、の順にまとめていきます。キャリアに関する専門的な知見の吸収は、今の働き方を客観化する上で、欠かせません。私たち一人ひとりが、キャリアを形成しながら働いているのです。ビジネスパーソンのキャリア形成のそれぞれの段階で、いかなる「キャリア開発」が望ましいのか、理論的整理で終わらせずに、現場でどう活かすのか、あなた自身がどう取り入れるのかという「当事者」の視点で読み進めてほしいと思います。

私たちは、もう組織にキャリアを預けない。ビジトレを実践し、今日から変わるのです。

準備はいいですか?

それでは、「ビジトレ」を始めます。

目次

第2章 社内研修を自己客観化の機会に 055

第3章 1on1面談でキャリア開発をペースメイク 103

第4章 ミドルシニア社員を活性化させるための秘訣 165

第5章 キャリア開発に関する視座

＊本書に出てくる社員の方の名前は、プライバシーに配慮し、すべて仮名です。

BUSINESS TRAINING

第1章

キャリアを自ら開発せよ

○組織にキャリアを預けない

「終身雇用は、制度疲労を起こしている」。日本経済団体連合会（経団連）の中西宏明会長（日立製作所会長）のこの発言を私たちは今、どう受け取るべきなのでしょうか？

「何を無責任なことを言っているんだ。従業員の雇用を守るのが会社組織だろう」と憤る人もいるかもしれませんね。

筆者たちは冷静にこの言葉を受け止めています。「確かに、無理だろうな。このままでは企業は持たないだろうな」と思っています。

というのも、デジタルトランスフォーメーションが起爆剤となり、私たちの生活は日々、便利になっていきます。便利になるというのは、必ず、何らかの変化を伴います。それは、おそらく、今ある何かを破壊して、何かを生み出す創造の営みなのです。

経済学者のシュンペーターを持ち出すまでもないのですが、この「創造的破壊」によって社会は、良くも悪くも激変していきます。この激変期に、今の企業組織が柔軟に対応できるかは、不安を抱くところです。特に、大人数の社員を抱える大企業は、変化に柔軟に対応できるほど身軽ではありません。企業の構造を変えることは、簡単ではないのです。

さらに、私たちは先祖が経験したことがないほどに、長生きをします。資本主義経済で長生きをするならば、生きていく上で必要な金額は、それなりに稼いでいかなければならないのです。

変化に柔軟に対応しづらい企業組織と、これまでの以上の長寿を過ごす私たち。どう考えても、一つの企業に私たちの一生を預けることはできないのです。

ビジトレに取り組む前に確認すべきことは、**組織にキャリアを預けない**ということなのです。

それでは、どうしたらいいのでしょうか。

明確な答えがあります。

○キャリア・オーナシップを持つ

その答えは、自らのキャリアのオーナシップを持つことです。自分で責任を持って、自らキャリア開発していくのです。この道しかないのです。

にも関わらず、私たちは、この自らのキャリアに対する「当事者意識」が低すぎるのです。

ちなみに、入社したままのビジネススキルで働き続けている人は、誰一人いませんよね？ 私たちは、社会ニーズにその都度あわせて、自らのビジネススキルをバージョンアップしてきたのです。

しかし、いつまで自身のバージョンアップをしてきたかと振り返ると疑問を抱くのではないでしょうか？　部署に先輩がいて、ビジネスシーンでの対応に丁寧にフィードバックしてもらえた若手社員の頃は、先輩社員に必死についていくこと、無我夢中で働くことで、キャリア形成ができていたのです。

問題はそこから先にあります。あなた自身がミドルやシニアの年齢を迎え、部下を持つようになると、あなたに「何かを言ってくれる」社員は、減っていくのです。部下の「本音」は「耳に入ってこない」のです。

誰しもが「裸の王様」になり得るのです。

ビジネス経験を積めば積むほど、自らのキャリアを形成しアップデートしていくことの難易度は、上がります。そのことを常日頃から意識して、計画的・戦略的にキャリア形成していく必要があるのです。

自らのキャリアに責任を持つ。キャリア・オーナシップを自覚して、組織にキャリアを預けない働き方を確立していかなければならないのです。

だからこそ、ビジトレ！

◯「資産」としてのビジネス経験

これから私たちは自分たちのキャリアについて向き合うことになります。そのウォーミングアップを兼ねて、ここで一度、時間軸を過去へと戻してみましょう。

社会人としてスタートを切ったフレッシュマンの頃のこと。覚えていますか？　新調したばかりのスーツに身を包み、期待と不安が入り混じる中、同期と一緒に参加した新人研修。挨拶、名刺交換の仕方、服装や身なりまで、「こんなことまで？」という細かな部分まで研修が続いたはずです。ビジネス社会では必須のコミュニケーション基礎スキルを徹底的に身につけましたよね？

こうした新人研修という「イニシエーション（通過儀礼）」を通じて、社会人として働くということは、個人としてではなく、組織人として働くということを覚えていったのです。別言するならば、組織人としての所作を徹底的に刷り込まれたのです。

それから配属された部署で、それぞれのビジネス経験を積んできました。働き続けることのモチベーションは、成果を出して、上司に認められ、組織の中で昇進や昇格していくことだったかもしれませんね。

ですが……ビジネスパーソンとして、絶対に忘れてはならないことがあります。

それは、**組織内の昇進や昇格レースに専念している間に、社会は大きく変化しているということです。組織の「中」の視点と、組織を取り巻く「外」の視点、常に、どちらも持っておくべきなのです。**

目覚ましいスピードで社会が変化する今日、変化に疎く、組織の中だけの「ルール」に従い、変わらないまま現状を維持し続けることは、リスクです。

それでは、長年働き続けてきて、私たちは何を得てきたのでしょうか？　労働の対価として金銭的報酬を得ていますね。しかし、それよりも大事な「資産」を形成してきたのです。

それが、「ビジネス経験」という「資産」です。これまでのビジネス経験は、紛れもなく、あなたの「成果」の集積物です。主任、係長、課長、部長というように組織内での昇進や昇格に伴う役職変更という「外からみえる変化」よりも、それぞれのポジションでいかなる「ビジネス経験」を積み重ねてきたのかが、大切なのです。

それでは、ビジネス経験を資産化してみましょう。具体的には、図1のシートに書き込んでみてください。ポイントは、あなたがこれまでビジネスシーンで経験してきたことで、他社や他業種のビジネスパーソンからみても「資産」として認識されるかどうかになります。

たとえば、名刺交換やビジネスメールが問題なく行える。これらは「資産」ではなく、ビ

ビジネス経験の資産化シート

（筆者　田中作成　2020）

図１　ビジネス経験を資産化する

ジネススキルです。それに対して、新規事業案や財務状況をまとめプレゼンができる。これらのビジネス経験は、あなたのキャリア形成の過程で培ってきた貴重な「資産」なのです。

これまで培ってきたビジネス資産を「見える化」させてください。

○「負債」としてのビジネス経験

私たちはこれまでのビジネス経験だけに、しがみつくことはできません。なぜなら、ビジネスシーンで求められることは、社会変化に応じて絶えず、変化するからです。特に、無視できないのが、テクノロジーによる進歩。今では、どこからでもリモートで会議に参加することができます。全国各地に支社がある企業でも、わざわざ本社に集合して全体会議を実施しなくても、それぞれの支社からアクセスし、進捗を共有することができるのです。

そうした変化の時に、管理職であるあなたが、「月に一度、部下を全国から集めろ」という指令を出し続けることも可能なのです。あなたの上司やあなたがこれまで行ってきたビジネス経験からは、集合して膝を付き合わせての「会議」でないと進捗共有はできないと判断されるかもしれません。これは、これまでのビジネス経験が「負債」となった事例でもあるのです。変化は、不安を呼び起こすものです。現状のやり方を踏襲する方が組織内でのコンフリクト（衝突）は起きにくいものです。

そのような時に、組織内でのコンフリクトを恐れて、社会的な変化に適応しないというのは、ビジネスシーンでは致命的なミスとなり得るのです。いかなる業務であれ、一度経験すると、経験値が上がります。同じように繰り返せば、失敗することはない。しかし、ビジネスシーンはそれほど甘いものではないので、同じように繰り返しても、失敗が起こり得ます。

つまり、環境の変化に対して、あなた自身が自律的に適応する能力を高め、「これまでのビジネス経験」に囚われない判断や行動が絶えず求められているのです。

そこで**あえてこれまでのビジネス経験をないものとして今日から新たなスタート、つまりゼロからのビジトレを意識することが必要なのです。**ゼロからのビジトレを日々意識していくことで、それぞれのビジネスステージでの問題改善に取り組むことができるようになります。ビジトレによる変化は、ゴールがあるのではなくて、トレーニングをし続けるというプロセスそれ自体に大きな意味があるのです。

○「罠」から抜け出せないビジネスパーソン

さて、ビジネスパーソンとしてあなたは、どのようなトレーニングを積んでいますか？　定期的にランニングしている。筋トレやヨガを続けている……、という人も少なくないでしょう。

なかには、専属トレーナーをつけて、個別トレーニングを積み重ねている人もいるでしょう。

それでは、まず、腕立て伏せから始めましょう！　というビジネスパーソンのフィジカルトレーニングも大変興味はあるのですが、本書のトレーニングは、やや方法が異なります。

本書で取り上げる「ビジトレ」とは、フィジカルなトレーニングではありません。ビジトレとは、文字通り、ビジネス・トレーニング。ビジネスシーンでのパフォーマンスを上げるために不可欠なトレーニングです。

もちろん、皆さんはビジネスパーソンとして経験があります。改めてビジネス・トレーニングをする必要はないと感じられるかもしれません。

しかし、そこにこそトラップ＝罠があります。

このトラップに陥りやすいビジネスパーソンは次のような特徴があります。

□自分の仕事以外には、興味がない
□長年一社で勤めてきたことへのプライドが高い
□そもそも、好奇心がない、趣味がない
□新しいことに挑戦するのが嫌い
□社会への関心も低い

こうしたタイプは、一社の中で組織内昇進や昇格してきたベテラン社員に多くみられます。社内評価が全てだと判断する人たちです。

ビジトレは誰の力も借りずに、一人で始めることができます。そして著者である私たち三人も、日頃から実践しています。
ビジトレを継続していくことには、次の効果があります。

(1) 日常業務でのビジネスパフォーマンスが向上する（パフォーマンス向上）
(2) キャリア・プラトー（停滞状態）などのモチベーション低下を回避することができる（モチベーション維持）

ではいよいよ、ビジトレの中身へと入っていきましょう。

○ビジネスの「ブレーキ」と「アクセル」

まずは現状を把握します。組織と個人の観点から、図2のワークシートを埋めてみてください。

ビジネスブレーキは、組織で問題なっていること、個人で直面している問題についてそれぞれ箇条書きで書いてください。

	組織	個人
ビジネスブレーキ 「何が問題？」		
ビジネスアクセル 「どう解決？」		

（筆者　田中作成　2020）

図２　ビジネスブレーキとビジネスアクセルの分析

ビジネスアクセルは、組織で改善すべきこと、個人で改善すべきことをそれぞれこちらも箇条書きで書き埋めてみてください。

ビジネスブレーキ要因とビジネスアクセル要因を明確にすることで、適切なビジトレを積み重ねていくことができるのです。仕事に行き詰まりを感じた時はもちろん、なんとなくモチベーションが上がらない時など、定期的にこのシートを使用することをお勧めします。

○ビジトレの五原則

ビジトレを効果的に実施していくためには、次の五つのトレーニング・ルールを念頭におくようにしてください。

(1) 現状を把握する〈現状把握の原則〉
(2) 目的を設定する〈目標設定の原則〉
(3) 適度の負荷を与える〈適正負荷の原則〉

ビジトレ　現状問題認識シート	
ワーク	
ライフ	

（筆者　田中作成　2020）

図３　最初に行うビジトレ――現状問題を認識する――

（4）徐々に強度を高める〈漸進負荷の原則〉
（5）日常的に継続する〈継続行動の原則〉

それでは、順番にみていきます。

○現状を把握する

ビジトレの出発点は、まずはあなた自身の現状を客観的に把握することです。今の職場や働き方に、満足していて、不安も一切ないという方は、ビジトレは不要です。しかし、今の仕事はそれなりに納得していても、これからの職場や働き方に心配を感じるのでしたら、まずは、現状認識から始めましょう（図3）。

ビジトレで大切にしたいことは、ビジネスパーソンがそれぞれ抱えている問題に丁寧に向き合うということです。100人いれば、100人とも、現状の課題や問題が異なるのです。同期入社して長年一緒に働いてきた同僚の方と、あなたが抱える問題も違うのです。ビジトレは、働くことと、生きることを「切断」しません。

働くことを生きることの中に位置付ける。ワークとライフを分けるのではなくて、ライフの中にワークを捉えるようにします。そうすると、同じように働いてきた同僚とあなたのライフ環境は異なります。子供が生まれたばかり、介護が必要な両親や家族がいる。それぞれのライフ環境の中で、あなたの「働く」があるのです。

なんとなく、ビジネスパフォーマンスが上がらない時や、モチベーションが湧いてこないのであれば、その理由をみつけていきましょう。

書き出してみることをお勧めします。ワークとライフの項目をそれぞれ箇条書きでいいので、書き出してみてください。参考までに著者三人の現状問題認識シートは、図4のようになります。

ビジトレ　現状問題認識シート（浅井 57 才）	
ワーク	片道 2 時間弱の通勤時間 年間数百人の研修と面談をワンオペで実施　恒常的な時間不足 後継者不在＝ゴールが見えない、休めない 間近に迫った定年後の働き方模索と不安定な収入に対するライフプラン
ライフ	夫婦同時に来た体力の衰えと体調不良の連鎖 70 歳過ぎまで残る住宅ローン

ビジトレ　現状問題認識シート（宮内 56 才）	
ワーク	スケジュール調整の日々に疲弊 ノーワーク・ノーペイなのでプライベートを犠牲に 大学・企業講師以外の仕事ある？　企業人事？
ライフ	61 歳まで残る住宅ローン 年金受給まであと 9 年 子供 2 人が社会人　妻との時間をどう過ごすか 認知症で施設にいる母親の今後 加齢とともに健康不安（糖尿、高血圧） 趣味がない 修士号取得後の展開、博士課程？

ビジトレ　現状問題認識シート（田中 43 才）	
ワーク	大学での学生指導と研究遂行時間とのマネジメント 大学の業務と顧問先とのタイムマネジメント 顧問先企業でのビジネス・アウトプット
ライフ	妻と共働きの核家族。どちらかが健康を損ねると、ワンオペのリスク 中学 3 年生になる長女の高校受験。次女の中学進学。

（筆者　浅井・宮内・田中作成　2020）

図 4　筆者らの現状問題認識シート

ビジトレ　目標設定シート			
	半期	1年	3年
ワーク			
ライフ			

（筆者　田中作成　2020）

図５　実現可能な目標を設定する

このように著者の三人でも、それぞれが抱えている問題は異なります。大切なことは、まず、問題を一つひとつ「見える」化させて、どのような対処が可能かを考えていくことなのです。

○目的を設定する

ビジトレでは目標を明確に設定する必要があります。まず、実現可能性と目標達成の期日を決めてください。目標設定シートは10年後や20年後の長期プランも大切ですが、できるだけ具体的な対策をイメージできる中期プランを書き込むようにしてください（図５）。

たとえば、グローバル展開を視野に入れて、3週間で中国語をマスターするという目標を設定するとします。これまでに中国語の学習を続けていれば可能かもしれませんが、ゼロからやる場合には、ハードルが相当に高く、実現可能性は低くなります。実現可能な目標を的確に設定し、それに向けて着実に取り組んでいくのです。目標を達成した場合や、目標達成が現実化した時には、その都度、目標設定を更新していくようにするのです。

田中はこれを、隙間時間に手帳に、手書きで書き込むようにしています。最近は、ジムのランニングマシンで歩いている時に、メモ書きをするようにしています。有酸素運動を続けている最中だと、より目標が鮮明に浮かび上がってくるので、お勧めです。歩行中のメモが難しければ、ボイスメモとして録音しておくのもいいですね。

○適度の負荷を与える——視点を変えて、行動する

組織の中で働くビジネスパーソンにとって、日常の業務を取捨選択することは難しいですよね。「やりたい仕事」、「やりたくない仕事」を選ぶことができないビジネスパーソンも少なくありません。

いずれにしても目の前の業務を「ただ、こなしている」だけでは、力はつきません。適度な負荷を与える具体的な方法としてお勧めしたいのが、**視点を変える**ということです。

(1) 経営者の視点

社員として長年働き続けると、経営者や経営陣の視点を忘れがちになります。特に、大企業で勤務しているビジネスパーソンは、経営者と日頃直接やりとりをする機会もなく、目の前の業務に取り組んでいますよね。「あなたが経営者なら、あなたの働きぶりをどう評価するのか」考えてみましょう。

(2) 上司の視点

あなたに直接、業務の指示や仕事のフィードバックをする直属の上司の視点になってみましょう。視点を変えることで、毎日の業務の本質的な意味や価値を考えるようになるのです。

視点を変える以外にも、情報収集の負荷を上げるという方法もあります。

起床してから職場に行くまでの時間。ビジネスパーソンにとっては貴重な情報取集時間になります。睡眠後、リセットされた脳にいかなる情報を入れていますか?

田中は未だに日経新聞を紙面で読んでいます。スマホからあらゆるニュースを読むことはできますが、新聞を紙面で読むことを日課としています。

紙面でもデジタルでも構いません。ただ、ポイントは情報の収集密度になります。

基本的には、記事の全てに目を通すので、30分ぐらいは新聞を読んでいます。この時間を20分に短縮してみるのです。20分内に同じ情報量を収集する。

朝のルーティンからビジトレを始めるのです。

◯徐々に強度を高める

筆者たちも実践していて、ビジトレの中で最も難易度が高いことが、徐々に強度を高めることです。ビジネスシーンで、自ら取捨選択した業務にあたれることは珍しいですよね。職場で必要とされる業務が与えられ、それを一つひとつ達成していくことの方が多いでしょう。その場合の業務負荷が、あなたにとって適した強度であるのかという問題がある上に、その強度を一つひとつ徐々に高めていくというのは、難しいことだと言えます。

あなたがマネジメント層であるなら、部下を業務アサインする場合に、当人にとっての強度を見極めるようにしてください。

そこで、ビジネスパフォーマンスの「生産性」を考えてみるのです。たとえば、クライアント先への提案の際、まずは企業分析や市場調査を行いますよね。そしてクライアントが抱えている問題を把握し、それらの問題を解決するためのソリューションを提示していきます。そのために不可欠なのが、提案資料ですね。この提案資料の作成時間を意識してみてください。個人差があるので、一概には言えませんが、雛形の提案資料があるとしても、それからかなりの時間、バージョンアップを重ねると思います。

その資料作成の制作時間を短縮するように心がけるのです。アウトプットまでの作業時間を減らすと強度が上がります。残業しながら、提案資料を作成するのが「あたりまえ」になっているのなら、定時前までに仕上げるように、プランニングしていくのです。

大企業の経営陣の方とやりとりをすると、とにかくレスが端的で早いのです。一つひとつのコミュニケーションも無駄なく、的確にしていくことで、ビジネスパフォーマンスは洗練されていくのです。

○日常的に継続する

筆者の一人である田中は、『プロティアン――70歳まで第一線で働き続ける最強のキャリア資本術』（日経ＢＰ）という本を２０１９年に出版しました。この本で伝えたことは、人生１００年時代を生き抜く術としてプロティアンキャリアという考え方が極めて有効であることでした。

具体的には、社会的ニーズに適合させて、自ら変幻自在にキャリアを形成していくことの必要性を理解していただくことと、その具体的な方法についてキャリア資本論を用いて論じました。

プロティアン・キャリアの考え方を本書でも踏襲しています。変幻自在にキャリアを形成していくプロティアン・キャリアでは、いくつかのポイントがあるのですが、その中でも、「継続的学習（Continuous Learning）」は大切にされています。

言い換えるなら、**日常的に継続すること**です。

社会の変化にただ翻弄され、おいてきぼりをくらうのではなく、継続的に学び続けることによって自らを成長させていかなければ、70歳まで第一線で働き続けることはできないのです。

『プロティアン』を執筆しながら、「継続的学習」という考え方は理解できるけども、ちょっと「ぬるい」と感じていました。「ぬるい」と感じていたのは、ビジネスシーンで必要なことは継続的学習よりも、もっと実践的な取り組みだという認識があったからです。そこで今回、「継続的学習」という概念をより実践的な取り組みに発展させるために、「ビジトレ」を提唱することにしたのです。

これは思いつきではありません。田中は2008年に法政大学に着任してから、「教員」ではなく「アカデミック・トレーナー」を自称し、実践的に学ぶメソッドの開発に取り組んできました。また、「田中ゼミ」という名前を用いずに、「TTC」(Tanaka Training Camp)」を開設し、運営してきました。

そこには、明確な狙いがあるのです。

能力を開発する手段として、「学習」よりも、「トレーニング」がより適していると考えているからなのです。大学生の能力を開発するトレーニングを田中は、12年間続けてきたのです。その一方で、企業の顧問を17社歴任し、ビジネスシーンの現場で、人材の育成と事業の成長にコミットしてきました。ビジトレは、ビジネスパーソンの能力を最大限に高めていく実践的なメソッドなのです。

そして、この言葉が思い浮かびます。

継続こそ、力なり。

○ミドルシニアにこそ、ビジトレ！

大学を卒業して、新卒社員として働き始めた若手は、右も左も分からない中、必死に仕事をこなしていきます。部署の先輩が、適宜、仕事に対するフィードバックをくれます。若手社員は、日々の仕事をこなしていくことそれ自体が、ビジトレになっているのです。

しかし、仕事を長年積み重ねてきたミドルシニア社員になると、日頃の業務はそつなくこなせるようになります。職場でフィードバックをくれる先輩も年々、少なくなり、ビジネスパフォーマンスは、自らチェックしていかなければなりません。あなた自身が、若手社員にフィードバックをしていく立場にもなっていきます。

場数をこなし、失敗をして、それを乗り越えてきたすべての経験が強みです。しかし、この経験は弱みにもなるのです。

というのも、一度経験をして、同じことを繰り返している場合には、成長に必要な負荷が不足しているからです。組織の中での昇進や昇格の人事は、経験を積んだ人に、新たに挑戦の機会を与えることです。新たな負荷がかかることで、キャリアの成長機会になるのです。

その逆の場合についても触れておく必要があるでしょう。つまり、経験を積んだミドルシニア社員に、新たな挑戦機会が与えられないとすると、どのようなことが起こるでしょう。

「キャリア・プラトー」と言われる停滞感を、ミドルシニア社員が感じることになるのです。厳密には、能力が下がり、停滞しているわけではないのです。能力を維持し、滞留しているのです。

この現状維持から脱却するためにも、**明確な目的意識を持って、適度な負荷を計画的にかけていく**ビジトレが必要なのです。

第二章ではミドルシニアたちのリアルに迫っていきましょう。

BUSINESS TRAINING

第2章

社内研修を自己客観化の機会に

○50代社員の「働くリアル」

職場は様々な問題を抱えています。職場環境の変化で生じるストレス、社内・社外でのビジネスハラスメント、過度の業務や労働時間の問題、職場での人間関係等、問題が一つもない職場は、存在しないといえます。職場が抱える問題は、それぞれ一つひとつ丁寧にみていく必要があります。職場が抱える問題の中から本書のビジトレでは、近年大きく取り上げられている「50代問題」を取り上げてみます。

「50代問題」とは、社内で経験を積んできたベテラン社員が、それぞれのビジネスパフォーマンスを発揮することなく会社にしがみついている状態のことです。ベテラン社員の不良債権化ですね。その証拠に、「働かないオジサン」「お荷物」「福祉型雇用」など、モチベーションが落ちて成果が出せなくなったベテラン社員を揶揄するワードを使った本が売れています。

ここで「50代問題」の実情をみておくことにしましょう。具体的には、日本最大のＨＲネットワークである「日本の人事部」で実施された調査を参考にします。

「日本の人事部」には全国14万人が正会員として所属しています。そのうち５０２２社（５２７３人）から回答を得た『日本の人事部　人事白書２０１９』では、50代ベテラン社員の「働くリアル」が浮かび上がっています。

まず、約４割の企業では50代ベテラン社員の半数以上が、非管理職です（日本の人事部編集部　２０１９ p.181）。非管理職社員のうち、モチベーション高く働いている社員は、「３割未満」（23・5％）しかいないのです。

つまり、モチベーションが高い50代社員は、全体の３割以下。

50代の非管理職社員の７割はモチベーションが低い状態で働いているということなのです。

このような特徴を持つ、50代の非管理職社員に求められることを割合の高い順にすると次のようになります（日本の人事部編集部 2019 p.184）。

①「知識を生かした他従業員へのアドバイス」（70・8%）
②「若手社員の育成」（64・9%）
③「技術の継承」（59・3%）
④「割り振られた業務を行うこと」（44・6%）
⑤「管理職のサポート」（43・7%）

さらに、興味深いことに、「全て」の50代非管理職社員が高いモチベーションを持って働いていると回答した企業では、期待する役割として「組織風土づくり」（46・2%）と「新規事業の創出」（23・1%）の二つが全体の数値と比較して高くなっているのです。

逆に、「知識を生かした他従業員へのアドバイス」（46・2%）は全体の数値よりも低くなっていて、ミドルシニア世代の社員に若手社員へのアドバイザーという役割に留まらない活躍をしてほしいという期待が伺えるのです。

つまり、**50代の非管理職社員のモチベーションが低い企業は、モチベーションが上がるような業務が与えられていない。逆に、50代の非管理職社員のモチベーションが高い企業では、充実した業務に従事できている**ということなのです。

要約すると、50代になっても充実した業務に取り組むことのできているベテラン社員は、働きがいを感じながら高いモチベーションで勤務しているということなのです。これは非常に納得がいきますね。

これらは全体的な傾向です。大切なのは、このような問題が確認された時に、実際に、私たちはどうするのかを考えることなのです。

○ベテラン社員は、お荷物なのか？

本書のプロジェクトメンバーである浅井は57歳、宮内は56歳。「50代問題」をよりリアルに感じる当事者世代です。私たちのビジトレは「50代問題」を改善していく対処療法です。

そこでまず、こんな言葉を投げかけてみたいと思います。

本当に、**あなたは、企業にとってお荷物ですか？**

「はい、お荷物です。」と答えるなら、ビジネスパーソンとして赤信号です。働き方を見つめ直す必要があります。

「お荷物ではない。しっかり働いている」と自負する人たちは、このような質問を投げかけられて、怒りを覚えませんか？

「ふざけるな、そんなことは言わせない」

ビジトレにとって、この怒りがエネルギーになります。

良くも悪くも、ベテラン社員は目立ちます。というのも、なんと言ってもベテラン社員の数が多い。ベテラン社員が社内に占める割合は、いずれの会社においても増加傾向にあります。国内企業で働く正規労働者の約4割が、45歳から64歳までのベテラン社員です。

その割合の詳細をみてみると、3485万人いる正規労働者のうち、45~64歳が1387万人、およそ39・7%を占めています(労働力調査2018年 総務省統計局)。社内を見渡すと、ベテラン社員ばかり、というのも珍しいことではないのです。経験を積んだベテラン社員たちが、企業を支えていると言っても過言ではありません。

ベテラン社員は、お荷物なのか?

浅井がこれまでの過去6年間で直接面談したベテラン社員は、1600人を超えます。その面談結果を踏まえて、浅井は次のような確信を抱いています。

「働かない」「お荷物」とレッテルを貼るのは間違いだ、と。

浅井がベテラン社員とキャリア面談を始めた2014年は、年金支給開始時期が段階的に60歳から65歳に延長された時期であり、形態こそ様々ではあるものの企業に継続雇用が義務付けられた年でした。

この時の50代社員は「あと10年頑張れば」と思っていたところ、それが一気に「あと15年」へと1.5倍に延びたことで、働くモチベーションを落としてしまう人が少なくありませんでした。また、60歳の定年後は、年金とほぼ同額しか支給されない賃金の会社の再雇用制度に頼ること以外、選択肢は見当たらないという社員ばかりでした。

大企業に約40年も勤めたのに、60歳でハッピーリタイヤできるほどの貯えがある人はほんのひと握りでしかいません。

そんな実態に直面した浅井は、立ち上がりました。一から企画してベテラン社員のキャリア開発プログラムを作っていったのです。まず、浅井が着目したのは、ベテラン社員が「頑張らない四つの理由」です。

□社内での競争がなくなった（競争することをやめた、諦めた）
□培ってきた専門性を活かせる場がなくなった（培ってきたスキルが重荷になる。邪魔になる、捨てられない）
□業績や貢献度と報酬のバランスが崩れた
□不満はあっても不安はない（評価がどん底まで下がっても、生活は維持できる）

さらに、「頑張らない理由」として、そのような働き方が「恥ずかしい」ことではないということもわかってきました。管理職は全体の17・3％、50代社員の26・7％にすぎず、管理職でないことが「普通」「当たり前」だという認識を持っているのです。

管理職になれないことは恥ずかしいことではないし、管理職にならないことが、むしろ「幸せ」であるという考えを持つ社員もいるのです。社内で出世しなくても、プライベートには大きな影響はないのです。こうした前提が、「50代問題」を生み出す要因なのです。

これらの前提を踏まえた上で、他社で研修講師を務める宮内が、これまで浅井が取り組んできたキャリア開発の振り返りインタビューを50代社員に重ね、また、社内研修の現場の観察も重ねました。

そもそも、モチベーションが低下する傾向にあるベテラン社員を対象に、どのような内容のキャリア開発研修が求められているのか。また、ベテラン社員は、キャリア開発研修を受講することで、どのような変化が生まれるのかを明らかにしていきます。

○企業主導のキャリア開発

「黄昏研修お疲れ様。人間も黄昏時が一番きれい。」

宮内が担当していたある企業での社内研修の最後に、研修先企業の社長がベテラン社員に向けた締めくくりの言葉です。太陽が沈んでいく、薄暗くなった夕日。黄昏という言葉を用いる社長に悪気はありません。

とはいえ、黄昏研修という言葉は、「働き盛りを過ぎ、勢いは衰え、あとは定年を待つ」といったイメージを与えます。それを聞いた社員は、どのような気持ちになったでしょう。

「黄昏研修」という言葉を聞いた宮内は、研修講師として一体自分は一日かけて何をやってきたのだと無力感に苛まれ、今でもその時の憤りを忘れることはないと言います。

職場で取り組むビジトレで大切なことは、ミドルシニア社員のキャリア開発を企業主導で行うということです。そのために、それぞれの立場で次のようなことを事前に認識しておく必要があります。

(1) 経営者：あなた自身がミドルシニア社員を雇用する経営者であるならば、社内研修の意味を再認識する必要があります。

(2) 人事担当者：ミドルシニア社員のキャリア開発プログラムに関わる人事担当者であるなら、社内研修の意味を明確にして、経営陣とベテラン社員それぞれに的確に伝えていく調整役を担うべきです。

(3) ミドルシニア社員：社内研修を生かすも殺すもあなた次第です。「業務もあるのに、面倒だ」「研修なんて意味はない」という気持ちで受講している限り、いかなるキャリア開発にもならないのです。

「50代問題」で問題となっているのは、役職定年を迎えたベテラン社員のモチベーションの低下です。というのも、50〜55歳に役職定年を迎えるベテラン社員は、肩書がなくなると同時に年収も平均にして3割ほど減額されるのです。ダイヤ高齢社会研究財団の調査（大坪2018）によると、役職定年によって4割前後の人の年収が50％未満に減少しており、その年収に比例して、仕事に対するモチベーションが低下しているといいます。

30代から40代のビジネスパーソンで、まだ、そんなことは考えられないと思考を停止してしまうのではなくて、社内にいる先輩社員の様子を思い浮かべてみてください。今のままの働き方を続けて、働く対価としての給料が3分の1になります。嬉しいと感じる人は、誰一人としていませんよね。

ベテラン社員が直面する問題について、「『生涯キャリア支援と企業のあり方に関する研究会』報告書」(厚生労働省 2007)から三点に着目してみます(一部改変・傍線筆者)。

①一定の知識や技術を持ち、仕事をこなせる反面、明確な能力開発上の目標が設定しにくく、自己評価でも「能力の停滞」が生じる。
②子供の教育の問題や親の介護など、家庭における責任が重くなる一方、体力の衰えの自覚や生涯の残された寿命や自分の強みや弱みを含めた能力についての限界感が出てくる。
③客観的なキャリアの損得勘定価値観からの転換を迫られる。

ここで一つのポイントは、**自分にとって本当に価値を感ずるものや能力を発揮できるものについての主観的なこだわりが生じてくる一方、現実にはそれが実現しない、できないことによるキャリアの葛藤**が生じているということなのです。

わかりやすく言い換えるなら、これまでのビジネス経験を通じて培ってきた専門的なスキルや能力を発揮できないことで、ビジネスパーソンとしてのアイデンティティが揺らいでしまうのです。

特に役職定年後のモチベーションの低下は深刻です。役職を終えると今までいた部下がいなくなります。就労意欲が一気に減退するのです。長年、働き続けてきた職場での居場所が少なくなっていくこの時期に、老親の介護、就職氷河期世代の子供など、家庭の不安も現実問題として重くのしかかってきます。キャリア開発を考える時に、働き方だけでなく、生き方も考える必要があるのは、このように働くこととライフイベントは切っても切れない関係にあるからなのです。

多くのベテラン社員はこの時期から「キャリアの展望」を抱くことが難しくなり、その先の自分の働き方を思い浮かべることができず、働く意味や生き甲斐がわからなくなるそうです。言ってみれば、「キャリアの失望」と向き合わなければならないのです。まるで八方塞がりのような状況に陥ってしまうのです。

○ゼロからの立ち上げ――NTTコミュニケーションズでのキャリア開発

組織で取り組むビジトレについて、ここからはNTTコミュニケーションズのキャリア開発を取り上げていきます。

NTTコミュニケーションズは1985年の民営化後、1999年の再編を機に選ばれた少数精鋭の優秀層・平均年齢38歳の1万人で誕生しました。電気通信事業を手がけ、事業内容はボイス&ビデオコミュニケーションサービス、ネットワークサービス、アプリケーション&コンテンツサービス、クラウド・SIサービスと多岐に及びます。

現在、NTTコミュニケーションズの従業員は6150人、国内グループ会社は14社、海外拠点は33社。連結収益1兆3920億円、営業利益1321億円。社員の平均年齢は、44・5歳（2018年4月現在）です。グループ全体の社員数は約30万人、連結子会社は

919社にのぼり、連結営業収益は約11・8兆円です。

NTTコミュニケーションズに勤務する社員の年齢別人員構成は、20代の社員が11・4%、30代の社員が12%、40代の社員が33・4%、50歳以上が37・0%です。

40歳以上の社員は、70・4%。ミドルシニア社員によって構成される企業です。50歳以上の割合は、37・0%（2018年）から52・0%（2023年）へと増加する見込みです。定年再雇用者も9.5%（2023年）になり、部署に一人は当たり前に60代がいる企業になっていきます。年齢別人員構成からみると、若手社員が少数割合の職場になります。

入社する新入社員の3割近くは修士号を取得しています。制度上、昇進の年齢制限はありませんが、実態としては管理職になれなかった社員は40代半ばで昇進が厳しくなります。管理職は52歳から57歳までに役職定年を迎えます。定年は60歳ですが、希望者は全員が65歳まで再雇用されています。

これだけの大企業ですが、キャリア開発に関して十分な施策が整っていたわけではありませんでした。

こうした企業でいかにしてキャリア開発に関する人事施策を始めることができたのか、そのきっかけは何だったのでしょうか？

きっかけは、2012年7月にまで遡ります。2012年7月、NTTコミュニケーションズの労働組合の年次大会が開催されていました。労働組合の幹部である浅井も年次大会に参加していました。

年次大会では3年間連続減収減益の業績低迷が報告され、大規模な組織改革が議題に上り、今後増え続けていくシニア問題についても会社側の提案（成果主義）に対して労働組合の反対ムードのまま粛々と議事が進行されていました。

その時、浅井が発言します。

「このままだと4年目も同じですよね！　ここで会社に反対する理由はないですよね！」

会場後方にオブザーバー参加している上層管理職層から感嘆の声が聞こえます。「組合にも革新的なやつがいるんだ」。声を出してはいけない決まりだが「浅井さん、頑張れ！」という声が上がったのです。

しかし、数百人の組合役員たちは押し黙ったままです。静寂が続きます。前年の大会で、人事制度を成果主義に変更しようとした会社側に「年功序列のどこが悪いんだ！」と食って掛かり、年功序列相当の賃金を1／3残した人事制度に方針変更させた時とは真逆の対応に見えました。

発言した浅井の中では悪いものは悪い、良いものは良い、の二択しかなかったのです。どこの会社の労働組合も役員のなり手はいないものです。

大会終了後、浅井に本社人事・人材開発部門への異動が打診されます。

「自分はただ正しいことを言っただけ、本社の人事などは自分の器ではない」と、一度は断りを入れます。

翌日、浅井のもとに副社長から連絡が入ります。

「これは会社命令だ。2年間放置していた**ベテラン社員の活性化**が命題だ。成果が落ちているのは事実だが、ベテランのモチベーションが本当に下がっているのか、現実をつぶさに報告してほしい。**複数の視点があると見えなくなることがあるので、一人でやってほしい**」。

副社長から直々の依頼に、浅井は意を固めることにしたのです。この瞬間、ゼロからの取り組みが始まったのです。

浅井は高校卒業で入職し、岐阜県羽島の電報電話局を皮切りに東海支社で現場を経験してきました。1999年にコールセンターの立ち上げ、本社のセキュリティを担当、40歳で人材育成部門に異動、49歳まで7年間労働組合の幹部を務めた後、ヒューマンリソース部に異動しました。

浅井は、他社の事例やマニュアルもない中、50歳社員たちのヒアリングを兼ねてキャリア面談を始めました。しかし、ベテラン社員はこれまで自分のキャリアについて考える機会などなかったのです。ベテラン社員にキャリア面談をすることは、容易なことではありませんでした。

当初、面談を受けたベテラン社員からクレームが噴出しました。

「人事評価が低いままですね」と、現実をありのままに伝える浅井に、「なんでおまえにここまで言われるのか！」と机を叩いて退室する社員も一人や二人ではありませんでした。

社長に直訴する者や、古巣の労働組合委員長あてに非難・批判の文書が相次いだのです。

○社内キャリアコンサルタントの誕生

ベテラン社員200名の面談を終える頃、浅井は自分のスキルを磨く必要性を強く意識するようになりました。管理職になれない、成果が上がらない停滞ムードの社員たちに、なんとか変わってほしいという思いが強かった浅井をキャリアコンサルタント資格に向かわせた一つの出来事があります。

ある日の面談で、会社のやり方に不満を抱いていた男性社員が、浅井に食って掛かってきたのです。その男性に対して浅井は、「確かにそれは会社がおかしい！」と返答したのです。浅井にとっては当たり前の対応でした。

その男性社員は、面食らったようです。

「人事がそんなこと言っていいのか。あなたは違うんだね……」

その後は趣味や家族の話にまで及び、彼との面談はいつの間にか1時間を超えていました。この時浅井は面談で大切にすべきポイントを掴んだのです。

「受容の大切さ。まずはしっかり相手を受け止めること」

一心不乱に奮励した浅井ですが、孤軍奮闘していたわけではありません。複数の仕事を掛け持ちしながらキャリア面談を行う浅井のために、上司は面談に集中できるよう業務をアサインしてくれたのです。

浅井はそこでキャリア面談を中断して、キャリアコンサルタント資格取得に向けて準備をしていきました。

浅井のように、社内で必要とされキャリア面談を積み重ね、その段階で専門的な知識を習得するためにキャリアコンサルタントの資格取得を目指し養成講座を受講するのも、人事担当者の方にはお勧めです。

たって」という文字がスクリーンに映されています。

五人一組で四つのグループに分かれています。受講者全員が50歳で、男性社員が19名集まっています。外見は様々で、スーツ姿の社員もいれば私服の社員も3名います。私語はなく、会場は静かです。

浅井の開会挨拶で研修が始まります。挨拶が終わると、スクリーンに動画が映し出されます。

「再雇用、社会保障、セカンドライフは本研修では取り上げません。皆さんはあと20年間活躍しなければならない。会社の未来を握るボリュームゾーンの人財。スキルの伝承と後進に手本を見せること。50歳のあなたに会社は期待している」

そして過去に受講された方の声「今から準備が必要」が示されたあと、「今年はあなたの番です」とテロップの大写しになります。

すると、会場が明るくなり、女性講師が本日のテーマである「内省と対話」について話を進めていきます。講師の話を聞いた後は、グループ内でのアイスブレイクを行います。

アイスブレイクは、「自己紹介」に加え「過去と未来のどちらに行きたいか？ それはなぜ？」という内容でした。過去を挙げている方が多い印象でしたが、対話により少しずつ受講生の表情が和らぎ始めます。

◯ダブルメジャーとデリバラブル

アイスブレイクが終わると、次は部長講話が始まります。

部長「人生をマラソンに例えるなら、いまはまだ25km地点です。水分補給をしながら作戦を考える機会にしてほしい。あと17km。まだ20年もある？ もう20年しかない？ これからも会社を支えてほしい。そのために求めることは二つ。**ダブルメジャーとデリバラブル**。今までの専門性にもう一つ新たな専門性を身に付ける。そしてそれを周囲に届けられるものにする。ワークライフバランスという言葉がありますが、必要なのはバランスでしょうか？　大きな人生の中での仕事を位置付けるのはどうでしょうか。見える景色、走るペースは一人ひとり違う。ただ迷ったら変化を選びましょう。ともに高め合いましょう」

ベテラン社員たちの誇りを最大限に尊重しながら新たな挑戦課題を提示する、非常に力強いメッセージが伝えられます。

ＮＴＴコミュニケーションズで活躍し続けられるスタイルとして、この「ダブルメジャー」と「デリバラブル」があります。ダブルメジャーは、一つの専門性を有しながら、異なる領域に幅を広げ、柔軟かつ、複合的に業務を推進する人材のことです。社内業務の「二刀流」や「三刀流」を目指すのです。

デリバラブルは、Deliver（届ける／もたらす）＋Able（できる）という言葉で、誰に何をもたらしているのか、誰にどのように役立っているのかを問う考え方です。つまり、デリバラブルは「何をしているのか」、「何ができるのか」というDo＋Ableとは違う考え方で提供価値や果たす役割に重きを置いているのです。

この段階で感想をグループ内でシェアします。90秒という短いシェアの時間のあと、グループ毎に発表が行われます。前の人が言ったことは言わない、と女性講師から課題が出されます。

「デリバラブルの発想がなかった」
「伝わったかが大事」
「迷ったら変化を求める」
「ダブルメジャーを考えた」

全体コメントの後、部長から「手を挙げて異動できる仕組みを作る」とフォローが入ります。

続いて女性講師は、キャリアとは何かについて解説を加えていきます。

キャリアとは、「経験、経歴、知識、進むべき道」、「スキル、過去から未来へ、キャリアデザイン」、「経験、自分で培ってきたもの」、「仕事を通して何を学んだか、何ができるようになったか」であることが伝えられます。

女性講師の「キーワードは変化」という言葉に受講者の大半が顔を上げて頷きます。受講者が研修の目的を共感した瞬間です。女性講師の講話が終わると、研修は10分間のドラマ視聴に入ります。10分間のドラマは、ゴールデンウィーク中に撮影され、２０１９年度に大幅にリニューアルした動画です。

○働き方を捉え直す

動画の視聴。オフィス、会議室、廊下、机、ブルーのストラップの社員証、スクリーンに映し出される舞台のすべてがリアルなので、実際に働いているような感覚を抱きます。

主人公は51歳の立川と林。立川はプロジェクトの推進役として奮闘しています。管理職への昇格を目指し日々、仕事に取り組んでいます。林は組織の潤滑油として、周囲と協調することを大切に日々働いています。

立川　英語やらないとな。

林　夢中になれる何かがあって羨ましい。昔は仕事だったけれど、今は道楽だな（模型作り）。

ある日のこと、外国人からの電話に対応ができない立川、新規プロジェクトに手を挙げられない林。こみ上げてくる自分への失望と戸惑い。

長いエスカレーターで二人は思う。「**これでいいのか？　何かが違う。本当の俺って**……」。エスカレーターを上る立川、下る林……。すれ違う時に、映し出されたガラスにひびが入る。

——ピシッ——

受講生の二名は唇を噛み締めたまま。映像の余韻を感じるような静寂。真剣な表情。

ドラマを視聴後、苦笑いをしながら3分間のフリートーク。全員がもやもや感を残したままランチタイムとなる。

ランチタイムの後は、グループで動画の感想を共有するところから始まります。

「ワークライフバランスの悩みがある。仕事との距離感。エスカレーターで会社を思い出した」

「しょーがない、は現状を自己都合で解釈しようとしている」

「後悔が多い。目標を見失っている。立川は損得勘定ばかり、林は優柔不断」

「仕事のための仕事。諦め感」

など、率直な感想が続きます。

再び、動画の視聴に戻り第二話が始まります。立川の娘が翻訳機を使って宿題をやるのを見てあきれながらも時代の変化に気付きます。

娘　お父さんの軸って何？

立川　軸か？

立川は、娘の質問に思わず言葉を詰まらせます。立川は自分を見つめ直し、自分の中にある大切なキーワードを見つけます。真面目、責任感、承認欲求、家族を守りたい。

立川は決心しました。

「リーダーでなくてよい。今まで築き上げた自分を壊そう。もう自分に嘘はつかない」

それから1年後、周囲からはこんな声が聞かれました。

「年を取るなら、立川さんみたいになりたい」

その動画を見た直後のグループ・ディスカッションでは、次のような言葉が交わされます。

「こんな簡単には変わらないよね」
「今から新たにセキュリティ分野に異動するということはもう昇進はないってことか」

グループごとに発表。

「やりたいって主張する勇気が必要」
「やらされているからの脱皮」
「一歩踏み出してみる」
「仕事を楽しむってどうするんだっけ？」

この後ライフラインチャート、仕事人生を振り返るチャート、傾聴ワーク。一日中一緒にいたことによる連帯感と安心感が会場を包んでいきます。

続く動画は林のストーリー。起業家の友人と話しながら自分の恵まれた環境を思い知ることになります。社内ネットワークを広げながら情報収集する林。そして新規プロジェクトに対しこう発言しました。「私にやらせてください。いまは興味しかないのですが」。

立川　最近他人と比べなくてよくなった。うまくいかなくても納得できる。

林　もう逃げなくなった。

立川・林　これってキャリアデザイン研修でやったよな。

——画面いっぱいの大きなガラスが割れる——

再びグループ・ディスカッションを行いグループごとの発表。

「ちょうどこのままでいいのかと思っていた時期だった。自分と向き合う貴重な時間だった」

「同世代とこのタイミングで話せて良かった」

「20年、まだまだ頑張る」

「素直な自分でいようと思う」

ネガティブもポジティブもあなたの人生。100歳までのキャリアをディスカッションしましょう。キャリアは自分で考え、育て、作り上げていくもの。研修後の受講者は、晴れやかな表情をしていました。

○研修の効果

浅井が作り上げたキャリアデザイン研修を紹介しました。研修の重要性をわかっていただけたと思います。ここで研修の効果を整理してみましょう。

キャリアデザイン研修の最大の効果とは、同じ年の非管理職社員が集合し、心情を分かち合うことにあります。

「自分と同じ悩みを持っていたんだ」
「自分はダメだと思っていたけど、結構、普通じゃん」

今の自分が「そんなにダメな状態ではない。これで良かったんだ」とわかることによって、ベテラン社員であることの心理的ストレスが和らぐのです。

50代ベテラン社員の強みは、何だと思いますか？

「将来がない」と考えるのか、「将来がないからこそ」と考えるのかで、その先の行動は全く違ってくるのです。将来がないからこそリスクをとるチャレンジもできるのです。

冒頭の部長講話は、ＮＴＴコミュニケーションズの経営状況や人事課題を中心にリアルに行われます。普段の職場では聞けないこの積極的情報開示が受講生の心に響くのです。頷きながら黙々とメモを取り続ける受講生もいます。

兵賀（２０１８）は、役職定年、再雇用などで現場から一歩引き離されると「情報が少ない」という不満が多い点を指摘しています。情報不足による取り残され感がモチベーションを低下させることを認識し、研修だけで終わるのではなく、こまめな情報提供を社内施策の中に加えていく必要があるのです。

ドラマの中の立川のセリフ「他人と比べなくてよくなった」を聞いた時に、論語の「天命を知る」を思い浮かべました。天命について斎藤（２０１９）は、「天を相手にするということは、自分の成績は、人ではなく天に付けてもらう。もっと言えば、自分の成績は自分で付けるということでもあります。」と述べています。つまり、天命だと知れば焦りがなくなるのです。安易に開き直ることではありませんが、焦燥感からの脱却には大切な考え方なのです。

受講者は、ときおり目をつぶり、視線を空に向けたり、首を傾げたりと、それぞれが自己と向き合っていきます。ティピカルなテーマを題材にしたショック療法といえますが、やはり視覚に訴求した点が効果的に現れます。

10分程度のドラマを観て振り返りを繰り返していきます。主人公に投影された感情を自身でどう捉えるかが肝心なのです。画面いっぱいのガラスに入るひび、そして大きく割れるガラスのメタファーはミドルの心を現しています。具体的な仕事を取り上げながらよりリアル感を醸し出しているのも見事な出来栄えです。オープニングとエンディングをアニメーションにしている工夫も凝らされています。

つまり、映像を通して、他人事を自分事に、あるいは客観的な視点を持つことに学習効果があります。ドラマの視聴を通じて、内省化を促していくのです。

研修効果についてまとめたラーニング・ピラミッド（アメリカ国立訓練研究所：ＮＴＬ）によると、平均記憶率・定着率は聴く5％、読む10％ですが、視覚教材を用いると20％にまで上昇します。ラーニング・ピラミッドの詳細を紹介しますと、平均記憶率・定着率は聴く5％、読む10％、視聴覚教材20％、実験機材30％、グループ・ディスカッション50％、体験学習75％、他人に教えた経験90％。グループ・ディスカッションなどの協同学習が研修効果を高めるとされています。

第二話を視聴した後のキャリアの振り返りでは、自分が輝いていた時を振り返ります。自分の強みの発見にフォーカスを当てていくのです。これはCooperrider & Srivastva（1987）が提唱したＡＩ（Appreciative Inquiry）のハイポイント・インタビューにあたります。ライフラインチャートのアッパー部分にフォーカスをあて、かつて自分がしてきた仕事を仲間たちに語る姿はとても誇らしげに見えます。

受講者は、今置かれている現実を見ることになります。熟達者のアンラーン（学習棄却）を勧めることも研修には盛り込まれています。

ＡＩの４Ｄサイクルについて触れておきます。Discovery（強みの発見）、Dream（理想の状態）、Design（目指す状態の明確化）、Destiny（定着化）。ハイポイント・インタビューはこのDiscovery（強みの発見）に相当します。研修が振り返りに移ると、誇らしかったことに加えて、反省や後悔の言葉があちこちのグループから漏れてきます。これもＡＩでよく使われる「プラウド&ソーリー」です。ここからアクションを考えていくことになり、これがキャリアビジョンへとつながっていきます。

そして、3年後にどうなっていたいか、どんな仕事に関わっていたいか、周囲への貢献として何ができるかを考えていきます。この3年後、というのがキャリアを考えるにはちょうどよい期間になります。具体的な行動計画作成は面談までの宿題であり、キャリアビジョンを作成する時間は15分程度です。厳しい現実と向き合う葛藤の時間にもなります。

キャリアを考える、とは過去の出来事への再定義づけ、そして未来志向の軸で考えることに意義があるのです。

○研修のサイクル

研修講師は外部の男女二名が専任で担当しています。当初は七名でやっていましたが厳選していった結果このような体制に着地しました。

優しく包み込む男性講師、厳しく指摘する女性講師、のメリハリをつけることで受講生を上手にファシリテートしています。研修の進め方も中村・パイク（２０１９）がＥＡＴと名付けている、経験を語らせ（Experience）、気付かせ（Awareness）、理論で納得させる（Theory）フローを用いています。

研修終了後は僧籍も持つ男性講師に相談の行列ができるほどです。男性講師か女性講師かの選択は受講生の人事評価（モチベーション）から決定している点にも工夫が見られます。昼食の際も講師と浅井が細かな打ち合わせを重ねています。

研修の目的はマインドセットと行動変容の促進。研修講師として現場に立つ宮内は、若い研修担当者たちから「自分たちでは言えないことなので、外部の講師から厳しく言ってください」と依頼を受けるのです。

敬意を持って受講生に接していますが、押し付けにならないように現実を伝える（気付かせる）ことの難しさは日々痛感しています。

また、研修後のアンケートでも難しさを感じます。「これからすべきことが明確になった」が多数を占める一方、「何のためにやっているのかわからない」、「具体的なことを教えてほしかった」と一部から書かれることもあります。

ＮＴＴコミュニケーションズでは研修終了後も必ず講師と反省会を行い、分単位でスケジュールを見直し、テキストを毎回修正しています。

研修を観察して思うことは、あくまでも研修だけでは終わらない課題があるということです。４Ｄサイクルの Dream（理想の状態）、Design（目指す状態の明確化）、がこの後の面談に続き、その後職場でどう定着するか（Destiny）がキーポイントなのです。

この点は組織行動学者であるディビット・コルブ（Kolb １９８４）の経験学習サイクルでも指摘されています。近年コルブは学習サイクルを九つのステップで表しています。経験する、想像する、検討する、分析する、思考する、決定する、行動する、開始する、バランスを取る、です（コルブ&ピーターソン ２０１８）。

触れておくと、経験学習サイクルとはコルブがジョン・デユーイの考えた経験学習を「循環論」として二次元化したものです。

能力を向上させる時の第一プロセスとして、まず経験が必要であると述べ（①具体的経験：Concrete Experiences）、そしてその経験を振り返り（②内省的観察：Reflective Observation)、ノウハウを導き出し（③抽象的概念化：Abstract Conceptualization）、次の実践に使ってみる（④能動的実験：Active Experimentation）ことを唱えています。

これが経験学習サイクルですが、企業等で実施されている研修は「束の間の学習」と呼ばれる①のみで終わっているケースが多く、学習サイクルが循環していない現状があります。NTTコミュニケーションズにおいては、②と③を1on1のキャリアカウンセリングで行っているのです。

D・ショーン（2007）が「正しい課題解決」を行うためには、「正しく問題を発見し、設定すること」の方が「正しく問題を解くこと」よりも重要と指摘しています。問題とは何かを考えるためには、「自分の行動を省察的に捉えること、すなわち振り返ること、リフレクティブな認知能力を高めていくことが重要である」と述べています。

まさしくこのリフレクションが研修後の1on1にあたります。そしてその後の上司面談を通じて④の検証までを実施しています。NTTコミュニケーションズのキャリア開発はまさしくコルブの経験学習サイクルを循環させているのです。

ＮＴＴコミュニケーションズの場合、研修内のグループワーク・討議がスムーズになされていきます。これは受講者を非役職者に限定している点も関係しています。

宮内が行っている研修は役職者も非役職者も混ざっている例が多く、この場合役職者の方は得てしてオープンなのですが、非役職者の方は遠慮がちになってしまいます。役職定年後は全員がフラットな関係になるわけですが、今までの長い会社員生活の上下関係が少なからず影響しているのです。

ＮＴＴコミュニケーションズでは役員まで昇格するのは同期のうち一人か二人に限られます。後々昇進できない層から「会社に裏切られた」、「ＮＴＴコミュニケーションズに移らなければ昇進できた」など昇進劣等感を生むことになっているのです。

50歳時にプログラムを受講することは、その後15年間の会社員人生を再構築するきっかけになるのです。

今ではＮＴＴコミュニケーションズのキャリアデザイン研修は、50歳を迎えた非管理職社員２００名を対象に、毎年20～30人ごとに10回程度行っています。２０１４年開始時は５００名が受講し、その後は２００～２５０名で推移しています。２０１４～２０１９年までに実施された研修は60回、受講生1300名、面談者1620名、面談回数は1800回を超えます。

他社の事例では「シニア活躍推進研修」として、退職金の運用や在職老齢年金、高齢者雇用給付金など社会保障制度に焦点を当てたマネー研修、夫婦で参加するライフ・プランニング研修が実施されています。

NTTコミュニケーションズの取り組みでは、キャリアデザイン研修がキャリア面談前の「準備」として用意されていることに特徴があります。より正確に述べるなら、キャリアデザイン研修とキャリア面談が、一貫したキャリア開発プログラムとして実施されているのです。

第三章ではNTTコミュニケーションズでのリアルな取り組みを通して、キャリア開発の深部へと迫っていきましょう。

BUSINESS
TRAINING

第3章

1on1面談でキャリア開発をペースメイク

◯キャリア面談のミッション

NTTコミュニケーションズではキャリアデザイン研修受講後1カ月以内に、キャリア面談を受けることを義務付けています。希望制で実施すると、「バリバリ仕事をやっている人と本当に落ち込んでいる人」はキャリア面談を受講しないと浅井は述べます。面談を義務づけることで、埋もれてきた人財を可視化させるのと同時に、希望制面談のデメリットを解消しているのです。

キャリア面談の狙いは主に二つあります。

(1) 通常業務に対する自律的な取り組みの促進と強化
(2) 人生をトータルで捉え、心理的幸福感の高いキャリアデザインの構築

これら二つを達成しながら、会社の方向性にあったポジティブな行動変容を促していくこ

とがミッションになります。

この1on1キャリア面談を、浅井は一人で実施していきます。これまでの面談者は1800名に上ります。もともと社内の人間である浅井が、経営層のバックアップを受けて、一人で始め、これだけの実績を残しているのです。

ただ、「浅井だからできた」という属人的な理解を望んではいません。浅井の取り組みに、皆さんがそれぞれの会社に導入していく際のヒントがあります。

浅井がキャリア面談をする際に行っているアンケートには、次の項目があります。

「あなたが『いい仕事』『組織貢献』をする上で重要だと思うことは何ですか?」

この項目の答えは次のようになっています。

1位　仕事にやりがいを持つこと
2位　仕事が「楽しい」と感じること

3位　スキル・専門性・経験を活かせること
4位　上司・同僚・部下との人間関係
5位　目標達成感
6位　健康であること
7位　より高い賃金
8位　高い評価
9位　昇進・昇格

興味深いのは、内的動機が上位を占め、外的動機（賃金・評価・昇進）が重視されていない点です。

浅井はキャリア面談を通じて、ポジティブな行動変容を起こせる人と、起こせない人には、決定的な違いがあること見つけ出しました。

その違いとは次の通りです。

□このままでいいのだろうか？　と思っている人
□このままでいいのだろうか？　と思っていない人

社員として30年間、会社人生を過ごしている間に、「自己」が確立されているのです。その確立された「自己」の意識の中に、「もう変わらなくていい」、「このままでいい」という人を変えることは至難の技なのです。

そのため、「このままでいいのだろうか？　と思っていない人」を変えようとするのではなく、「このままでいいのだろうか？　と思っている人」が、どのようにしたら行動変容していくことができるかに重点を置いたのです。ちなみに、そのような面談者に対しても次の二つの質問は、表情が変わることが多くあります。

①「改めて尋ねるけど、あなたは今、ちゃんとやっている？」
②「改めて自問してほしいのだけど、自分は今、一生懸命やっているか？」

こうしたストレートな問いかけをすることで、次第にキャリア面談での言葉が届くようになっていくのです。

キャリア面談の中で、昇進も評価も「どうでもいい」と答える社員は何人もいますが、「成果を出したくない」という社員は、誰一人としていないのです。

また、昇進候補に推薦されても、「嬉しくない」と答える社員もいますが、「上司から褒められて嬉しくない」という社員は一人もいないのです。

○行動変容への具体的なステップ

それでは、「このままでいいのだろうか？　と思っている人」が、行動変容していくための具体的なステップをみていきます。浅井がディレクションに関わった動画には、「自律型人材に変わっていく成長ステップ」がまとめられています。各段階の成長をみておくことにしましょう。

ＳＴＥＰ１：何か自分を変えなければ、何かを始めなければ、と感じています。しかし、その何かが見つからない状態です。

ＳＴＥＰ２：そこで「これから何をすればいいですかね？」という面談を始めます。そして、その答えが一つだと思っている時に、複数の答えが存在することを伝えます。すると、混乱を始めます。そのため、一度は、クリティカルな思考に陥ることがあります。

ＳＴＥＰ３：ただし、何かを始めなければと思っている人は、複数の選択肢の中から自分でプライオリティを見つけなければならないと思うようになります。これで最初の自律意識が芽生えるようになります。これが成長１です。

ＳＴＥＰ４：まだ正解に辿り着くことはできません。そこで、複数の選択を維持するのか一つの選択肢に絞るべきなのかを聞いてくるようになります。しかし、その答えを教えることはありません。なぜなら、キャリアコンサルタントとしての答えが、その人にとって適した選択であるのかはわからないからです。そこで意図的に答えを教えないのです。そうしているうちに、自分で決めなければ、先に進めないことに気がつきます。これが成長2になります。

STEP5：ベテラン社員が何かを選択するということは、複数の大事な物を天秤にかけ、何かを捨てることでもあるのです。ベテラン社員の多くは、昇進や評価を捨てることに比較的躊躇がなくなっていることもあります。

STEP6：そこで結局、自分はどうなりたいのか、という思考になりやすい傾向があります。この段階ではビジョンというよりは、単なる願望に過ぎません。自分が本当に活躍する姿や、本当に幸せを掴んだ姿はイメージできていないのです。

STEP7：たとえ、それが単なる願望であったとしても、「なりたい姿を考えるようになった」ということが習慣化することは、大きな成長なのです。これが成長3になります。

STEP8：単なる願望から始まった行動は、多くの場合、長続きしません。目標や行動計画が的確でないことが多いからです。一定期間行動は起こせるようになったとしても、「満足な結果が得られない」、「行動を起こす意味は?」、「目標が間違っていた?」などを自問するようになります。

STEP9：それを達成した時のメリット、達成しなかった時のリスク、達成するまでの時間、そもそもの自分の能力を考慮した上で、「実現の可能性」を考えなければならないことに気がつきます。これが成長4です。

STEP10：ここまでのステップを一つひとつクリアしていくことで、「実現可能ななりたい姿」を具体的に思い浮かべることができ、それにより「正確な目標設定と行動計画」が立てられるようになります。

こういったステップを経ることで、自律的な行動をマネージできるようになり、その進捗もマネージできるようになるのです。喜びも感じることができるようになるのです。

つまり、「行動を起こせるかどうかは、自分のなりたい姿を正しくイメージできるかどうか」なのです。正しいイメージができていれば、自分の成長の度合いをマネージすることも楽しくなっていくのです。

これが自律なのです。

本当の「老化」は、目標を持たなくなった時から始まるのです。
ワクワクしない目標には、価値がありません。
目標達成時の姿をイメージできないものはマネージもできないのです。

イメージできれば、マネージできる
イメージできないものは、マネージもできない

ここまできたら、①達成基準を明確にすることと（目標の数値化と客観的な目標設定）、②行動開始時期を約束することで、ベテラン社員は、行動に移していくようになります。今すぐに始めなくて良いことであれば、その人にとって重要なことではないのです。

その場合には、もう一度、目標を設定し直すのです。

○キャリア・アンカーの確認

キャリア面談は通常30分で設定されています。浅井は面談者の人事データ（人事評価、スキル診断、昇進状況等）を事前にチェックし、次の四つの質問を投げかけていきます。

①キャリアデザイン研修は楽しかったか
②研修のスキット（ドラマ）を観てどう感じたか
③ビジョンを達成するために今の仕事はマッチしているか
④今の状態をどう感じているか

キャリア・アンカーは、「自分は何が得意なのか？」「自分は本当のところ何をやりたいのか？」「何をやっている自分に意味や価値を感じられるのか？」という問いに対し、自分が働くイメージを言語化して表現した自己概念であり、キャリアの軸となるものです。

ちなみに、キャリア・アンカーとはエドガー・シャインが1973年に提唱した概念です。キャリア・アンカーは八つのカテゴリーから構成されます。専門・職能別コンピタンス（TF）、全般管理コンピタンス（GM）、自律・独立（AU）、保障・安定（SE）、起業家的創造性（EC）、奉仕・社会貢献（SV）、純粋な挑戦（CH）、生活様式（LS）からなります。

キャリア・アンカーには、次の二つの大きな特徴があります。

①誰もが八つのタイプ（価値観）のいずれかに必ず分類されること。
②就職するまでの生い立ちに加え、職業に就いて社会人として一定の経験（概ね10年以上とされています）を積んできた人に確立される。

個人がどのタイプに当てはまるかは、アセスメントツール（キャリアデザイン研修で実施）とキャリアコンサルタントによる面談（節目面談）で判断していきます。それぞれのタイプにより、異なった報酬やインセンティブ、業務アサインを望みます。

それぞれのキャリア・アンカーには一長一短があり、優劣があるものではありません。

○キャリア・アンカーと行動特性

より詳しくキャリア・アンカーを紹介していきましょう。あなた自身とも照らし合わせみてください。キャリア・アンカーの重要さ、そして八つのタイプ（表1）を理解することは、自分の部下への理解はもちろん、人事担当者やキャリアコンサルタントの方にとっても大いに強みになります。

キャリア・アンカーに基づき面談をする上で、浅井は次の四点を念頭に置いています。

(1) ＮＴＴコミュニケーションズのキャリア開発シートの「自分に適した仕事であるか」という設問の決め手はキャリア・アンカーに基づく。部下が「何を最も重要としているか」を認識することにより、仕事の適・不適の判断に役立つ。

(2) 諦めることができることとできないことの判断に役立てる。たとえば、「仕事内容か勤務地か」のどちらかを選ばなければならない状況になった時、その選択に向けた最適なアドバイスをするのにキャリア・アンカーが有用である。

(3) 業務内容としては自分に適していない仕事であっても、仕事の仕方によって自分の部下の価値観を満たすことができる。キャリア・アンカーを知っておくことは、嫌いな仕事であっても満足感を得ながら働くことができる動機付けのヒントになる。

(4) 部下の業務内容とキャリア・アンカーのミスマッチを最小限に抑えることができれば、個人にとっても組織にとってもメリットが大きく、チームとして最大限のパフォーマンス発揮が期待できる。

次に、この八つのキャリア・アンカー別の社員特性について、浅井の整理を見ておくことにします。

表１　キャリア・アンカーの８つのタイプ

1. 専門・職能別コンピタンス　TF（Technical / Functional）
自分の得意な分野においてさらなる能力向上を志向する。自身が専門とする分野でその能力を発揮できたときに満足感を覚えるが、他の分野に移されると技能が活かせずに満足感が低下する。専門技能の発揮を重視するため管理職になることを望まない。
2. 全般管理コンピタンス　GM（General Managerial）
自分がどれだけ昇進できるかに価値を置き、管理、経営に携わりたいと考える。自身が実務的な専門家である必要はないと考える一方、経営に携わるために必要であるなら専門家になる労力をいとわない。責任のある立場になったり、組織に成功をもたらしたときに満足感を覚える。
3. 自律・独立　AU（Autonomy / Independence）
仕事上で縛られることをとにかく嫌う。就業規則にあるようなルールを嫌い、自身の自由や私生活を重要視する。自分のペースで仕事ができることが大切であるため、研究職やコンサルティングなど自由度の高い仕事を望む場合がある。
4. 保障・安定　SE（Security / Stability）
保障と安定を求める。雇用の保障、安定した給与、充実した福利厚生などを重視する。安全かつ余裕があり、将来が見えるといった状況を好む。終身雇用で諸制度の充実した公的機関での仕事を志望する場合がある。組織の一員であることが重要であるため、組織への忠誠心が強い。
5. 起業家的創造性　EC（Entrepreneurial Creativity）
自分で事業を起こしたいと考える。新しいサービスやシステムを作り上げたいといった思いが強く、それが「若い頃から」であることに特徴がある。起業のためなら私生活や金銭的な安定をも犠牲にするが、自由を得たいがための起業ではない。
6. 奉仕・社会貢献　SV（Service / Dedication to a Cause）
世の中を良くしたいという自分の価値観を重視する。医療や福祉などの対人支援職に多い。奉仕的、献身的であることに特徴があり、昇進や地位にはあまり興味を示さない。
7. 純粋な挑戦　CH（Pure Challenge）
非常に困難な状況を乗り越えることを望む。誰もが諦めてしまうようなことに果敢に挑戦し、その状況を打破することに喜びを覚える。より困難なことに自ら進んで飛び込むほどに挑戦的であり、また人との競争に勝つことにも価値を置く。
8. 生活様式　LS（Lifestyle）
生活全体の調和に重きを置く。自身の個人的な時間、家庭、キャリアの調和を重要視し、それは「働き方改革」のような水準には収まらない。組織のために働く特徴があるが、生活全体の調和を脅かさないことが前提であり、組織にそのような配慮を求める。

（シャイン（2003）を参考に筆者　浅井作成　2020）

1．専門・職能別コンピタンス（TF＝Technical／Functional）

TFタイプの人は自分の得意な分野において、さらなる能力向上を志向しています。重要なのは、自分の専門能力を成長させるような仕事の機会を得ることです。専門領域で挑戦できているかが、仕事の満足度に直結します。また、上司から認められるより、同じ専門分野の人たちからの評価を重視する傾向があります。もし、自分より上司の方がその分野においてスキルレベルが劣っているのであれば、上司に褒められてもあまり意味がないと考える傾向にあります。上下関係ではなく、その分野のことがよくわかっている人に「専門家」として認められることが非常に重要なことなのです。

TFタイプの人のもう一つの大きな特徴は、管理職への昇進をあまり望まないことです。自分の稼働の全てを専門分野に注ぎたいと考えるため、チームマネジメントや労務管理、部下の評価など専門分野以外の仕事に稼働を割くことを嫌うからです。ただし、上昇志向がないわけではなく、たとえば大きなプロジェクトの重要なポジションが与えられるなど専門分野に専念できるのであれば、高いランクを目指したいと考えています。

ちなみにTFタイプはNTTコミュニケーションズのベテラン社員においては八タイプの

うち四番目（13・5％）になります（２０１７～２０１８年度50歳一般社員統計）

2．全般管理コンピタンス（ＧＭ＝General Managerial）

ＧＭタイプの人の最も重要なことは、どれだけ昇進できるかということです。自分の裁量権が増していくことを望み、部下を何人抱えているかということで自分自身を評価しています。給与に関しても、他社の同じ立場の人がどれだけもらっているかよりも、自分の同期や部下よりどれだけたくさんもらっているかの方に関心が向きます。社会全体ではなく、自社の中だけという狭い範囲での地位が重要視されます。たとえば有名な学者や教授より会社の上層管理職の方が権威があるといった具合です。

評価も当然、自分の上司からのものが気になります。ＮＴＴコミュニケーションズのベテラン社員において、このタイプは5.3％であり20人に１人しかいないタイプです。（２０１７～２０１８年度50歳一般社員統計）

謙虚が美徳とされる日本文化においては上昇志向を好まない人が多いため「出世が全て」と思われがちのこのタイプはあまり歓迎されないかもしれませんが、価値観としては決して悪いことではありません。むしろ、女性の活躍推進が課題となっているNTTコミュニケーションズにおいて、特に女性がこのタイプであることは、会社から最も歓迎されやすい価値観といってもいいかもしれません。

GMタイプの人は管理職として成功するための適性を高めようとする努力を惜しまないので、たとえば、仕事のためであればライフを犠牲にする覚悟ができていたり、嫌な上司や部下に対しても上手く導こうとしたりするなど組織に献身的であることから、会社の運営からすれば貴重な人材になり得ます。

3．自律・独立（AU＝Autonomy／Independence）

AUタイプの人は、仕事上で縛られることをとにかく嫌い「規則に耐えられない」と感じることも珍しくありません。できるだけ自由が得られる仕事を求め、会社の中にあっても可能な限り自由が利く性質の業務を求めます。

NTTコミュニケーションズの場合は、自分でスケジュールや仕事内容を決めることができたり「明日はリモートワークにしたい」という希望が通りやすいといった自由に価値を置く人もいますが、このタイプが示す自由はその程度のものではありません（その程度の自由度は別のキャリア・アンカーであることがほとんどです）。

ＡＵタイプの人が求めるのは、自由を得るためには、非正規社員であったり、不安定な給与や不十分な福利厚生も受け入れたりする傾向にあるからです。

個人主義的な文化のアメリカや西欧ではメジャーなタイプであり、集団主義的な文化の日本ではまだ少ないですが、年々増えつつあります。労働条件より自由を優先するキャリアに対して、世界全体が寛容になってきているからです。

ＮＴＴコミュニケーションズのベテラン社員においてはあまり多くありませんが、それでも9.4％を占めていますので、10人に１人はこの次元の自由を追求するタイプが存在するということになります。（２０１７～２０１８年度50歳一般社員統計）

キャリアコンサルタントや上司がこのタイプの人と面談などで接する時に苦慮するのは、自由度の個人差が大きいことです。どの程度の自由を求めているのかが会社側は理解しにくいのです。たとえば、某企業では週休三日制を導入しましたが、このタイプの人からは「それでも不十分」という声がたくさん上がったことになかなか気づかなかったという事例があります。

4．保障・安定（SE＝Security／Stability）

SEタイプの人は、保障と安定を求めます。雇用の保障、安定した給与、充実した福利厚生などです。NTTコミュニケーションズのベテラン社員においては八タイプのうち二番目に多く20・4％、つまり5人に1人がこのタイプです。（2017〜2018年度50歳一般社員統計）

NTTは、もともと公務員ですので、NTTを就職先として選んだ時点で、大なり小なりこの要素を持ち合わせている人が多いはずですから、5人に1人いても不思議ではありません。

このタイプの人は、組織の一員でいることが重要だと考えます。そのため、会社に対する忠誠心が大変強いとされています。また、同時に会社も自分に対し誠実であってほしいと望んでいるため、たとえば人事や評価について納得がいかない時、愚痴や文句を言い出すのはこのタイプの人が実は一番多いというのが、上司は気づき難いところです。安定志向なので評価には寛容かと思いきや、ガツガツ突っ込んでくることが珍しくありません。ただし、決してネガティブなことではなく、それは会社への忠誠心の裏返しであることが多いのです。

一方、会社も誠実に対応してくれているという確信があれば、不満はあっても不安がないことを望むため、昇進について訊ねても「主査で満足です」とか「昇進は会社が決めることです」などという優等生回答が目立ちます。

少ない事例ではありますが、NTTという安定した会社にいることができたとしても、自分が成功したかどうかの目安は生い立ちに大きく左右されます。たとえば、自分が部門長まで出世していたとしても、自分の親が会社幹部まで出世していたならば、「自分は何も達成していない」と卑屈になってしまうリスクが高いのがこのタイプです。

5．起業家的創造性（EC＝Entrepreneurial Creativity）

ＥＣタイプの人は、他のタイプと異なり若い頃から「自分の会社を立ち上げたい」という価値観で自己が確立しています。ＥＣタイプの人であれば、そもそもＮＴＴを就職先として選択することはないでしょう。近年ならともかく、約30年前に入社しているＮＴＴコミュニケーションズのベテラン社員には、ＥＣタイプの人はゼロではないにせよ、出会う機会はほとんどありません。４％程度です。（２０１７〜18年度50歳一般社員統計）

ＥＣタイプの人は、前例にない仕組みや全く新しいシステムを作り上げたいと考えています。後述するＣＨ（純粋な挑戦）タイプの人との決定的な違いは、新しいことに向かうにあたり、そのための組織を立ち上げて行うのが前提となっていることです。また、自分自身を大きくするために、自分の提案により立ち上げた組織やプロジェクトチームを大きくさせたいという感覚を持っています。

何度失敗しても成功に向けて邁進するので、ロイヤリティ型企業のように成功しても莫大な報酬が待っていないような組織の中では、あまりうまくいかないとされています。また、失敗しても自分で次の手段を考えることができるので、何かに悩んでいたとしても、キャリアコンサルタントや上司に相談したり助けを求めたりすることもあまりありません。

面談で「何か悩んでいることは？」と訊ねても、ECタイプの人から具体的な返事が返ってきたことは、今のところ一度もありません。成功するまで次の手段を矢継ぎ早に打っていくので、そもそも悩むことがないと言った方が正しいのかもしれません。

6．奉仕・社会貢献（SV =Service / Dedication to a Cause）

NTTコミュニケーションズのベテラン社員においては、八タイプのうち最も多く23・7％、約4人に1人がこのSVタイプです。（2017～18年度50歳一般社員統計）

SVタイプの人は、仕事を通して何か自分の中心となる価値観を表現し、それによってキャリアを築こうとします。命を救うことを使命としている医者、労働環境を改善しようとする人事マネージャー、エネルギー生産の改善を図るエンジニアなどがこれらの代表例とされていますが、昇進や地位にはほとんど欲を示さず、奉仕や社会のため（会社においては周囲やお客様のため）になる仕事を続けていることに価値を感じています。

注意したいのは、昇進や地位にはあまり興味がなくても、給与に関してはそうではないということです。奉仕・社会貢献というとボランティアのイメージが湧きますが、キャリア・アンカーの奉仕・社会貢献は「会社人として」つまり「労働対価としてサラリーを得る立場として」のものですので、自分の貢献に応じたフェアな収入はしっかり求めてきます。

ＮＴＴコミュニケーションズの賃金制度は業績評価により報酬が大きく左右されますし、総合評価により基本賃金も左右します。したがって、給与に直結する評価に対してはシビアな反応を示す人も少なくありません。

7．純粋な挑戦（CH =Pure Challenge）

ＣＨタイプの人は、好んで「非常に困難な状況」を乗り越えることを望みます。敢えてそれに挑むのは「今まで誰もなし得なかった」という響きがモチベーションになるからです。ヒット商品を生み出すことに全精力を掲げたり、勝ったりするためにはどんな苦しいトレーニングも耐えることができる一流アスリートなどがこの典型です。

仕事は常に新しく大きな意義があるものでなければならず、ルーティン作業や非生産的な仕事はもってのほかです。人との競争も好むので、平和主義の日本人には極めて少ないタイプとされていますが、NTTコミュニケーションズのベテラン社員においては9.4%がこのタイプであり、意外と少なくはありません。(2017~2018年度50歳一般社員統計)

同じような業務にはすぐに飽きたり、退屈したりするので、上長は使いづらい面もある反面、「これは困難な課題」と知ったとたん、全力で解決に導こうとするなど、時に重要な役割を果たしてくれる貴重な存在でもあります。

8. 生活様式（LS＝Lifestyle）

LSタイプの人は、企業が提唱する「ワークライフバランス」や「働き方改革」の次元よりも、ずっとライフに重きを置いている人です。たとえば、家族のニーズのためであれば、自分の将来を犠牲にすることもできる人です。「生活様式」という言葉だけを捉えるとNTTコミュニケーションズには、たくさんいそうな感じではありますが、NTTコミュニケーションズのベテラン社員においてこのタイプは13.9%であり、この次元まで家庭に優位性を感じている人は、そんなに多くはありません。(2017~2018年度50歳一般社員統

計）

共働きが〝普通〟になり、夫婦どちらかが（あるいは双方が）、何らかの妥協をしなければならなくなったため、消去法的にこのタイプにならざるを得なくなる傾向が強まっています。ＮＴＴコミュニケーションズの場合は、そもそも50代の男性比率が97％を占めているので、約1割という低い値になっていますが、30代、40代も含めるともう少しこのキャリア・アンカーの割合は高い数値になるかもしれません。

ＬＳタイプの人が圧倒的に多いのは地方勤務の社員です。「どの土地で働くか」が最優先とされおり、地元に残れるのであれば「仕事の内容には拘らない」「給料カットもやむなし」というのが典型例です。ＬＳタイプの人は、本来の個人の価値観を仕事によって満たすことができなくなる可能性が高いはずです。そうなった時、それを満たそうとする代わりのものを、仕事以外で見つけようとする傾向が見られます。たとえば、趣味の充実を図ったり、マンションの自治会長やＰＴＡ会長を買って出たりすることなどです。そこで自己実現を図り、満足感を得られたりすると、本来の仕事の方にもプラスの影響が現われたケースもあります。

○キャリア・アンカーを知らずして、適切な面談はできない

キャリア・アンカーの八つのタイプを紹介しました。それぞれが異なる価値観を持っていて、さらにその程度も人によって様々なのです。繰り返しますが、キャリア・アンカーを紹介したのは、キャリア開発にはモチベーションが重要なカギを握っているからです。

モチベーションは、自分が欲していないスイッチを押しても上がらないのです。一番やる気が出るのは、自分が欲しいと思っているもの（＝報酬）が「もらえるだろう」と予測できる（「これをやれば昇進できるかも」「これをやれば感謝されるだろう」）という時なのです。さらに、同じ悩みでも価値観の違いで違うアドバイスをする必要があるのです。

重要な決断を要する場面に遭遇した時など、自分自身の正確なキャリア・アンカーを知っ

ておくことにより、間違った選択をする確率が低くなります。

自分にとって何が最も重要なことなのか、あるいは逆に、何だったら諦めることができるのかを知っておくことにより、最善の選択をすることができるようになります。

ＮＴＴコミュニケーションズでよくあるのは、たとえば、大阪勤務の社員が東京へ異動すれば仕事のアサインの幅が増えたり、昇進のチャンスが出てくるかもしれないと言われたりした時の選択です。

大阪という土地で働くことが重要なことなのか、やりたい仕事をやることが重要なことなのか、あるいは昇進のチャンスが生まれることが重要なことなのか。キャリア・アンカーを知っておくことで、後悔しない選択を行うことができるようになります。

○キャリア面談でのやりとり

浅井がキャリア面談で大切にしているのは、自己評価と社内での評価との「ズレ」を埋めることです。浅井のストレートなやりとりが、面談を受ける社員の心を掴んでいきます。

それでは、実際の面談の様子をみていくことにします。

面談1　田村さん　勤続26年　営業部

浅井　研修を受講されていかがでしたか？　率直な感想をお聞かせください。

田村　研修のドラマが刺激的でした。このままだと後藤さん（研修ドラマの主人公）になっちゃいますね。

浅井　どうしようと思われましたか。

田村　昇進できない現実を受け入れて、自分なりに会社でできることを考えていきます。

浅井　たとえばどんなことでしょうか？

田村　年下の上司が仕事しやすくなるよう、若手社員の相談に積極的に応じます。

浅井　素敵な考えですね。いつからできそうですか？

田村　早いうちに……職場に戻ったらすぐにでも取り掛かります。

浅井　それは素晴らしい。あと何か気になっていることはありますか？

田村　今のところは大丈夫です。

浅井　それでは、何かあれば、いつでもお話に来てください。

田村　こういった場があるのは励みになります。

浅井は、被面談者のタイプを大きく四つに分けて捉えていきます（図6）。現状満足度、将来期待度がともに高い④（輝き）は特に問題はない。多くの社員が①（燻り）と③（諦め）に分類されます。このタイプ①と③をタイプ②（明るさ）に上げるのが面談の目標になります。

浅井の面談を通して「タイプ①（燻り）」が「タイプ②（明るさ）」に変化する。こうしたマインドチェンジができた好事例は6割程度になります。30分を予定しているキャリア面談は10分で終わることも数時間に及ぶことも、複数回続くこともあります。

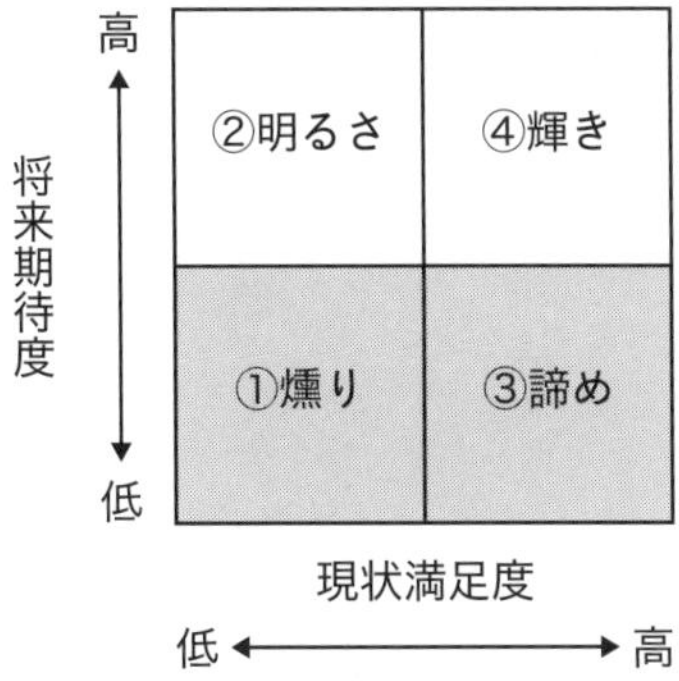

（筆者　浅井・宮内作成　2020）

図6　被面談者の4タイプ

予定時間を超えて面談を続けるのは、本人が希望する場合と、浅井が延長を促す場合とがあります。

また二回目以降は、通称「おかわり面談」と呼ばれ、面談終了後2割弱程度の社員が自ら望んで実施されており、うわさを聞いた若手40～50名が待ちきれずに面談を希望しています。経営幹部がこっそりカウンセリングに来ることもあったそうですが、もちろん浅井は受け入れています。

面談の際、浅井が心掛けているのは**いつから始めるのかを問うている点です**。研修で納得して終わり、ではありません。

第一章で伝えたことと重複しますが、**いつから行動変化を起こすか、自身の中長期目標を立て、短期のス**

タート時点まで設定することが大事なのです。キャリア面談の中では、家族のこと、趣味のこと、自身の病気のことにまで話が及ぶこともあります。

また、英語習得を求める社内の中で「英語を頑張ってTOEIC700点を目指します」とこれから英語を始めようとする50歳に対しては厳しい言葉も投げかけていきます。

倉田　ある会社から60歳になったら年収500万円でどう？　って誘われています。私は英語ができないのですが、TOEIC700点になると600万円にしてもらえるらしいので、これから英語の勉強を必死にやります。

浅井　今、全然できないのならTOEIC700点って大変だよ。毎日3時間勉強しても数年はかかるよ。

倉田　えっ、でも100万円上がりますよね？

浅井　60歳過ぎても100万円に拘らないといけないほど、お金に困っているの？

倉田　いやいや、定年後は300万円で設計していたので、500万円なら御の字です。

浅井　500万円で十分満足できるなら、英語を勉強する時間に、読書とかスポーツ観戦とか、好きなことした方が幸せじゃない？　他にやりたいことがないなら、否定はしないけど。

倉田 そうですよね。休みの日に釣りの時間を削って勉強をやるのはストレス溜まるな。

今の能力と体力、必要とされる時間（＝犠牲にする時間）、達成した時のメリット、経済状況、家庭の状況、残された時間を大切にする価値観などを総合的に勘案してキャリア設計をアドバイスすることを心掛けているのです。

もちろん、浅井は英語の学習を否定しているわけではありません。他の言語の習得や資格取得等でも伝えたいことは同じです。

キャリア設計をする上で、定年退職までの「残り時間」を頭に入れて、自分にとって最もメリットのある選択をしてほしいというのが浅井の伝えたいことなのです。

考え抜いた結果、その答えが特に見つからない場合、「英語を学習する」というのも選択肢としては、ありなのです。というのも、「何もやらない」で定年退職を迎えるその日を待つよりは、よっぽどポジティブな行動選択だからです。

ちなみに、社員で学習が継続しているのは、仕事以外のプライベートに理由があるケースです。

「海外旅行先で楽しむため」、「中学生の子供との競争が楽しい」などです。

継続的学習には、仕事のように目標に数字のノルマがなく、結果よりも「プロセス」それ自体が楽しいのです。学習している時の集中感覚も、仕事とは違う感覚なのです。

こうした「本音」のやりとりが交わされるのは、浅井の魅力でもあるし、力量でもあります。浅井が社内のキャリアコンサルタントであることで、相談者は愚痴や本音が言えるのです。この人事考課と直結しない、愚痴や本音が言える時間と空間はホール（2015）がいう「心の安全基地」になります。

しかし、キャリア面談時は晴れ晴れしていても、職場に戻り颯爽と業務をこなす例は半数以下という厳しい現実もあります。キャリア面談で全てを変えることはできないのです。職場の風土も変えていかなければならないのです。

浅井とのキャリア面談で、面談者は「今の自分」と「これからの自分」を見つめているのです。

面談2　山田さん　勤続27年　コムエンジニアリング

ビジネスパフォーマンスを支えるライフキャリアの状態に目を向けていくと、初めてみえてくることがあります。山田さんのケースを見てみましょう。

浅井　良くない評価が続いていますね。上司から言われる目標が高すぎますか？

山田　目標？　**評価を気にしていないので目標なんて何だっていいのです。**

浅井　評価を気にしない理由は？

山田　私、独身なんです。貯金も2千万円ありますし住宅ローンの終わったマンション住まい、両親はすでに他界しています。毎月20万円もらえれば御の字なんです。最低評価でもそれ以上にもらえている。**頑張る必要なんてないですよね。**

浅井　でも、成果を出さないと上司から「もっと頑張りなさい」と言われないですか？

山田　上司は逆にホッとしているらしいです。**自分の部下には一人最低評価をつけなければならないので、私につけておけばいいのですから。**

浅井　意図的に成果を出さないようにしているのですか?

山田　成果を出したくないと思ったことはありませんが、成果を出さなくちゃ、と思ったこともありません。ごく普通にマイペースで仕事をする。**何も変化のないこの状態が幸せなのです。**

山田さんは「タイプ③諦め」に該当します。最初に人事評価を具体的に伝えている点は、特筆に値します。というのも、これは社内キャリアカウンセラーにしかできないことだからです。

ただし本人も上司も困っていない現状を変えることは難しい。たとえ山田さんの認知が歪んでいても成す術はないのです。

浅井自身も必ず最低評価をつけなければならない社内制度をおかしいとは感じています。しかし、NTTグループにおいてはグループ会社間の人事交流を行うためには処遇にある程度の統一性がないと異動が難しいことから、現状ではNTTコミュニケーションズ単独で変えることができないのです。

山田さんに対してはプライベートの充実を提案して仕事以外の満足度を高めることで面談を終えました。タイプ③が多いのもNTTコミュニケーションズの特徴かもしれません。

浅井は制度の中でできることを伝えるようにしています。

面談3　松田さん　勤続28年　営業部

松田　定年までカウントダウンに入りました。今まで以上にやる気が出ることは100%ないです。

浅井　あと10年を、まだ10年もあると思ったことはないですか？

松田　ありますよ。これまでお世話になった会社ですから、最後のご奉公と考えることはしばしばありますが、今以上とか、もっと貢献を、とまでは考えられないです。

浅井　あなたの部独自でモチベーション向上研修をやったと聞いていますが。

松田　**私たちのモチベーションを上げることは、もう無理ですよ。何歳になってもスキルアップが重要、という研修でした。そもそも現状維持でそれなりの成果を出しているのに、まだ成長しないといけないのですか。**

松田さんも「タイプ③諦め」に該当します。社内生活が長ければ長いほど認知の歪みの修正には時間がかかるのです。浅井も短時間での成果は求めず、時間をかけていく方法を取っています。まずは寄り添うことからはじめます。点ではなく線の支援、これも社内キャリアコンサルタントの成せる業なのです。このように浅井は「タイプ③諦め」の該当する社員に対しては、一歩踏み込み、キャリアカウンセリング的なアプローチをとっているのです。

宮城（２００５）は、キャリアカウンセリングを通じて、個人のキャリア開発とキャリアデザインのサポートを行うに当たっては、次のようなポイントを指摘しています。

・個人の今後のキャリアニーズの正しい理解
・所属する企業・組織が置かれている経営状況
・組織内のさまざまな制度、たとえば、人事制度、その組織が求める人材像と具体的な能力要件、能力レベル（組織ニーズ）、キャリア開発支援ための研修や教育システムなど
・また今後その組織がどのような経営方針を立て、経営戦略を考えているのか
・社内の労働マーケットに関する情報などの正しい理解

すなわち、クライエントに対し効果的なカウンセリングを行い、キャリア開発、キャリアデザインの支援を行うためには、**キャリアカウンセラーはその個人を理解するとともに個人が所属する社会・組織に関する経営管理情報を有することが必要**である、と述べています。

浅井はその両方を兼ね備えたまさにうってつけの社内キャリアカウンセラーなのです。

ただ今後の課題として挙げなければならないのが、現在フォローしきれていない1／4の諦め状態の存在になります。今後70歳まで雇用継続が続くことを考えると潜在リスクとして放置できないのです。

浅井が1800名の面談を通して一人の例外もなかったのが次の二点です。

(1)「成果を出したくない」と言う人は一人もいない。

(2) 上司から褒められて「嬉しくない」と言う人は一人もいない。

業務上の問題があるならば社内で検討を進めなければなりません。家庭内の問題や余暇活用に問題解決のヒントがあるならば、さらに面談者の境遇に寄り添ったキャリアカウンセリングが必要となります。宮内もキャリアカウンセリングをする中で、どうしたらいいのだろう？　といつも悩む点です。

正解はない。少しでも楽しく毎日を過ごしてほしい。何か方法はないのだろうか？行き過ぎると押し付けになる、洗脳になる危惧は常に持っている。人は変わりたくないわけではなく、できることなら変わりたいと考えているのではないだろうか。

「変わりたくない」と言うベテラン社員に対して、丁寧なキャリアカウンセングが欠かせないのです。

○研修と面談のふりかえり

研修、面談を終えて職場に戻った四名に宮内が45分程度のインタビューを行いました。直近の受講者から5年前の受講者までを選んだのは、研修転移の影響を確認するためでした。研修で学んだことが職場で活かされていないという声を耳にします。Grant & Hugues（2007）は、研修を受けた従業員の47%が、研修直後には学んだ内容を職場で実践すると考えているが、半年後には12%、1年後には9%に減っていると指摘しています。加えて三名の上司にもインタビューを行いました。身近で研修と面談の影響をどう捉えているかをみてみることにします。

楠木さん　51歳女性　1992年グループ入社　NTTコミュニケーションズ勤続19年
営業部
研修・面談受講：2018年

「ものすごく元気になれた研修でした。キャリア・アンカーごとにグループ分けされた議論は特に面白かった。私はSV社会貢献型でしたが、同じタイプの人たちが集まると価値観が似ているからか、非常に盛り上がります。当日はSV型がもう一グループありました。同年代の女性たちと集まるのも新入社員研修以来だったかも。いまでもときどき同窓会をやったりランチを取ったりしています。男性が多い会社なので少ない女性仲間とネットワークができたことは嬉しかったです。ドラマでは、**まだ萎む年齢ではない、まだ会社に貢献できることがある、**だから諦めるな、という会社からの強いメッセージを感じました。自分の居場所を社内外の二軸で持つことの大事さも学びました。1時間近くの面談では、過去を振り返るだけではなく、未来を考えさせられました。いつまでに何をする？　いままで停滞していた自分にドライブがかかった感じ？　3年前から産業カウンセラー資格は持っていたのですが、キャリアコンサルタント、三級ファイナンシャル・プランナー資格を新たに取りました。もともと人見知りの性格でしたが、コミュニケーションスキルを身に付けたことで営業にも自信がつきました。お客様だけではなく、職場内にも目が行き届くようになりました。職場のみんなが和気あいあいと、活き活きと働くように気にかけるようになった気がします。上司もキャリコン資格を持っているので、職場でも勉強会を続けています。学生時代から心理学に興味があったので、この夏に大学院を受験しましたがダメでした。しばらく落ち込んでいましたが、諦めずに再チャレンジします。浅井さんは温かさの中に強さを持った方です。強さと言っても威圧的ではなく、会社に対しても堂々と捨て身で持論を展開されている姿に勇気をもらいます。引っ張っていくというよりかは、背中を押していただいている印象です。私自身は気が付かなかったのですが、他社から転職されてきた方からは「**過ごしやすい、キツくない会社**」と言われています。人と環境というのか、社員として守られている安心感があります。ただ少し古い体質は残っていて、スピード感に欠ける点はあります。ただ最近は変わってきていて、新しくできた会社理念の行動規範は社員のボトムアップの成果なんですよ」

楠木さんは、明るくハキハキと返答する姿が印象的です。もともと産業カウンセラーやファイナンシャル・プランナー資格を取得するなど自己啓発に積極的であったところに研修・面談で背中をさらに押されたのです。「まだ萎む年齢ではない」、「まだ会社に貢献できる」と、「まだ」という言葉に楠木さんの活力を見出すことができます。

キャリアコンサルタント資格を仕事にどう活かすか、インフォーマルな女子会のリーダーなど、ポジティブ思考と行動力はミドルの鑑と言っても過言ではありません。楠木さんのようなキャリアモデルとなる女性がいることは組織の大きな財産なのです。

伊藤さん　56歳女性　1990年グループ入社　NTTコミュニケーションズ勤続17年

マネジメントサービス部主査
研修・面談受講：2016年

「研修は上司から、申し込んどいたからね、と軽く言われて参加しました。驚いたことが二つ。私以外に女性がいなかったことと、『やれ！　やれ！』一辺倒の士気向上研修ではなかったことです。浅井さんの面談は感動しました。いいんじゃない、どんどんやれば、と私の考えを承認、というか背中を押してくれました。**こんなに褒めてもらったことは今までなかったですから……。**仕事は保守部門なので他部署に比べて平均年齢が高いかもしれません。努力して周囲と軋轢ができるくらいなら努力しなくてもいいじゃん、みたいな風潮が無きにしもあらず。だからか若い子が配属されてくるとモチベーションが低くて……。**私はお給料をもらっている以上、もっと会社に貢献したいって思っているんですよね。**彼女たちには、保守にもまだまだできることがあると言っています。元来前向きな性格なので周囲を巻き込んでビジネスコンテストに誘ったりもしています。若い子たちにも仕事を楽しんでいる姿を見せられたらいいな。研修・面談を通して、その時まで周囲からも言われていたし、自分でもちょっと思っていた『**もう若くないんだから、いまのままでいいじゃない**』**を振り払えた**ことです。より素直に、より純粋にちゃんと生きたいって思っています。短期、中期のキャリアビジョンを考えられたことも大きい。仕事を忘れて自分のことだけを考える時間って貴重ですよね。会社には感謝しています。研修後に昇進できたことも、認めてもらえた感があります。子育てが終わったら、地理学の研究者として人生を終えたい、との思いで大学院に通い始めました。いまは東京オリ・パラのボランティア活動が忙しくなったので一度退学、2021年から戻る予定です。最近のマイテーマは健康志向ですかね。地産地消を、楽しみながら、一歩深く没頭してる……。ただ、なんでも受け過ぎるとツラくなるので、20代で学んだインバスケットを思い出して、捨てるようにもしています。そんな自分を客観視するためにときどき座禅を組みに行ったりもしてるんですよ……。」

「面談で褒めてもらったことが嬉しかった」と満面の笑みで答える伊藤さんから、やはり職場では承認欲求が満たされていなかったことが伺えます。入社後に褒められる機会は、少ないのです。褒めることは特別なことではないはずなのに、なぜ人は人を褒めなくなってしまうのでしょうか。

宮内が行うマネジメント研修でも周囲を褒めるフィードバックに力を入れているのは、自己肯定感を高めたいという狙いがあるからです。研修・面談後に昇進したことは伊藤さんのモチベーションを大きく上げることにつながっています。

現在の年齢とともに、できることとできないことを分けて考えることでバランスを保っているようです。このバランスは公私にも活かされています。健康志向による食事のバランスや瞑想を行っています。

倉田さん　54歳男性　1984年グループ入社　NTTコミュニケーションズ勤続10年
営業部
研修・面談受講：2014年、2018年

「5年前に**強制的**に研修を受けた時は、**ふぅんと思っただけ**でした。その後子供が生まれて引っ越し、体調を崩したこともあり、昨年**希望して**改めて研修を受講しました。3カ月前に浅井さんのキャリア面談も再度受けています。仕事面であまり変化はないのですが、プライベートでは、幸せについて考えるようになりました。**他人に何かをすることで自分も幸せになれる**って。それまで地域での活動なんて考えてもいなかったのですが、町内会の青年団、マンションの理事になりました。これは研修・面談の成果だと思っています。今の仕事はそんなに忙しくないので、定時に退社して、4歳の娘を保育園へお迎えに行っています。この先娘がこの地域で育っていくことを考えると、いま自分ができることはやっておこうと思いまして……。2週間くらい前から近くの土手でランニングを始めました。スキーが趣味なのですが、冬に備えて脚力をつけておこうと。この齢になってスキーの楽しみ方も変わりました。若い頃は何本滑れるかに懸命でしたが、今は家族と景色を楽しみながら、量より質を楽しんでいます。おそらく70歳になってもやっていると思いますよ。この会社は人をとても大切にしてくれます。前の職場は一人で何もかもやらなければならなかったのですが、こちらはチームで仕事をしています。私自身……、性格はネガティブです。心配性でくよくよしてしまう、開き直れない。体調を崩したのもそのあたりにあるかもしれませんね。でも**今の自分にできることは精一杯やっていきたい**と思います。キャリア開発支援はもっと社内で宣伝していくべきですね。5年前、何のために受けるのかがわかっていたら、二回目は受けなくて済んだかもしれませんから（笑）。」

物静かな語り口調と伏し目がちな倉田さん。仕事よりもプライベートに関心があり、お嬢さんの話になると一層穏やかな表情になります。年を取ってからの子供なのでより子供の将来と自分の将来を重ねて深く考えているようです。「量よりも質」、「いまできることを懸命にやりたい」とゆっくり、はっきり答えたあたりに強い意志を感じられます。プライベートに重点を置きながらも仕事への責任感も随所にみられます。会社への愛着、感謝は体調を崩しても復帰できる職場を用意してくれたことへの思いがあるのです。

武田さん　52歳男性　1990年グループ入社　NTTコミュニケーションズ勤続19年
営業部主査
研修・面談受講：2018年

「ビデオのストーリーはすーっと入ってきた、わかりやすかったですね。対照的な二人のコントラストが印象的でした。キャリア・アンカーをやったのを覚えています。たしか管理能力が高かったかと……。講師の方は男性でした。ただ研修だけだと、あっそうか、で終わってしまうけれど、面談のフォローアップが効きました。休職後1年くらい経ってからだったのですが、管理職を諦めた方がいいのか相談したところ、まだ諦めなくていいのではと浅井さんに言われて、まだ頑張ってやってみてもいいんだという気持ちにさせられました。それから半年に一回おかわり面談を受けて……。もう四回かな。浅井さんは引き出し方がうまい。そのたびに**モチベーションが上がっています**。全員にやるのは無理でしょうが、私は定期的な面談のおかげでモチベーションが続いていますね。いろんなことに挑戦するようになりました。最近はサファリを体験してみたくてアフリカに行きました。驚きの連続でしたね。なぜ今までこの世界を見られなかったのか。日本での当たり前が世界では当たり前ではない。**多様な価値観を受け入れられるようになった。**これは病気がきっかけかもしれません。せっかく与えられた命だから一生懸命頑張らなきゃと、そんなことに気付けた。きっと面談がすべてではないけれど、**キャリアを見守ってくれる人がいる、**安心できる環境があるからポジティブになれた。職場でも**いい上司に恵まれています。五歳年下なんですけど、知識がものスゴい。**マネジメントはこうやるんだというモデルになっています。週一のミーティングはバチバチやっていますが、そのあとは任せてくれる。現在営業のSEなんですけど、数億円の大きな案件も任せてもらっています。周りから羨ましい関係だと言われています。適度な距離感がいいのかもしれませんね。今後プライベートではごちゃごちゃしたマレーシアに行ってみたい。仕事をオンオフで分ける時代ではなく、プライベートと仕事がもっと近くてもいいと思っています。会社以外のコミュニティにたくさん参加したい。そしてそれが会社に戻せたらいい。働かせてもらえる場所があるならずっと働きたい。この会社ならそれができる。会社の帰りは若手と呑みに行くようにしています。**同世代だと愚痴になる**ので（笑）。若手からヒントをもらっている。**お互いギブテク**になっているのかもしれません。」

武田さんが年下の上司と非常に良い関係が築けている点はこれからの好事例となります。オンオフを使い分けること、相手をリスペクトすること、武田さんのこの言葉にヒントがあります。また、どこの企業でも帰りに一杯やる風潮は少なくなった昨今ですが、若手を誘って呑みに行く、それも説教をするのではなく、お互いを情報源として語り合う場は双方にとって得難い時間となるのです。

渡辺さん　55歳男性　1987年グループ入社　NTTコミュニケーションズ勤続19年
営業部課長（楠木さんの上司）

「楠木さんは**変わった**と思いますね。研修・面談は、**考えるきっかけ**になったんじゃないかな。仕事でも自分の立ち位置というか、役割がわかったというか、腹落ちしたというか……。その上で、自分の仕事だけではなくチーム、他のグループまで面倒見が以前にも増してよくなりました。50歳を過ぎて、お子さんもそろそろ就職される、そんな中で自分の今後のビジョンを考えてらっしゃるようですね。キャリア自律ができた、というか決めた、というか……。ただまだちょっと受け身のところが残っていますかね。自分からこういうことやりたいと言ってきてくれるとなおいいなと思います。周囲を見過ぎているのかもしれませんが……。社内ではこのキャリア開発研修についてあまり知られていないんですよね。先日55歳のセカンドキャリア研修で同期と一緒だったのですが、55歳じゃ遅いよね、と。もっと早く40歳とか30歳とかの節目でも必要だねと、話をしたばかりなんです。管理者向けにもぜひやってほしいですね。**65歳まで、もしかしたら70歳までこの会社で何をやるのか、早い段階から準備が必要だと思っています。**節目研修は会社主体で必要だと思いますが、個人でも望めば『らくらくプロジェクト』といった好きなことを業務時間内に参加できる制度があるのです。私は今シルバニア・ワーキングに属していて毎月一回新聞を発行しています。シルバーに近い（ニアー）というのはいいネーミングですよね？　部内にキャリコン資格者が六名いて先日はレゴを使ったワークショップをしました。こういった草の根の活動が浸透していけば、輪になっていけば、個人の考え方も変わっていくのではないでしょうか。社内には有資格者が60名ほどいますので、彼らとも何かを始めてみたいと思っています。キャリコンって、共通言語になりますからね。」

部下をリスペクトしている態度が印象的です。さらに部下を育成視点で客観的に捉え、指導されている点も感銘を受けます。上品なスーツのセンスも含めて、理想の上司像といった印象を受けます。本業も忙しい中、「らくらくプロジェクト」にまで参加するバイタリティーは今後を見据えてのことです。キャリアコンサルタント資格を取ったことで自分のキャリアについても考える時間となったそうです。社内のキャリアコンサルタント資格を組織化して社員を元気にして、会社に貢献したいと語る渡辺さんは楽しげでした。「キャリコン資格は共通言語」との指摘になるほどと思いました。同じ理論を学び、スキルを身に付け、自己研鑽を続けていくこと。政府が企業内キャリアコンサルタントを増やしたい理由もここにあるのです。

ちなみに、政府は２０２４年までにキャリアコンサルタント10万人計画を掲げ、内訳として企業分野6万3000人、需給分野1万7000人、教育分野1万2000人、地域分野8000人を目標としています（厚生労働省 2014）。

石岡さん　57歳男性　1985年グループ入社　NTTコミュニケーションズ勤続19年
マネジメントサービス部課長（伊藤さんの上司）

「研修・面談がトリガーになったかどうかはわかりませんが、伊藤さんは超ポジティブです。**60歳になったら何をしているのか、**将来を考えるきっかけになったとは思います。ただ仕事ぶりとか、前向きな性格が、研修によって変わったかどうかは、正直よくわからないです。研修後に昇進されたことは彼女のモチベーションを高めました。部署外の集まり、女子会も積極的に主催しているようです。会社員以外の自分も大切にされていて、大学院にも通ってらしたかと……。ボランティアにも熱心で、僕も彼女の勧めで始めたほどです。僕のマネジメントスタイルは、ゴールに向かってさえいればどんなルートでもいい、コントロールしようとは思わない。自由に仕事をしてもらうやり方が伊藤さんには合っているのかもしれませんね。**彼女を見て、僕も考えるようになりました。**僕自身も今年で役職定年なのでいろんなことを考えます。この会社は組織の再編を繰り返しています。これはまあ政策によるものなのですが……。その分自由にやらせてもらえることが社風みたいなものかもしれません。甘いと言われるかもしれませんがノルマで追い詰められることもない。偽装とか不正などは求められない（笑）。2年前からフレックスやリモートワークを導入し、時間も場所もさらに自由度が広がっています。ただもっと早くにきれいごとではない、現実的なキャリアパスを提示していただきたかった。40歳半ばで担当部長になれなければ出世コース外。高齢になったら、熟練スキルの活用と、きれいごとはわかるけれど、実際に働く現場は用意されていない。福祉型雇用で安定を求める人と、そうでない人がいる。早い段階から他社への転職もあり、離職後また戻ってきていいよ、みたいな積極的なメッセージが必要なのではないでしょうか。管理職にも50歳くらいで考える機会が必要だと思います。」

「部下の勧めでボランティアに参加するようになった」との石岡さんは、柔軟に行動されています。ただ管理職であるがゆえに研修・面談の機会に恵まれなかったことへの口惜しさも端々に感じました。それでも組織へのエンゲージメントが強く感じられます。愛着があるからこそ、組織への期待もまだ大きいようです。組織としても手探り状態なのでしょうが、キャリアパスを複数提示していくこと、キャリアコンサルタント側も時代とともにアップデートしていくことの重要性を感じました。「むかし定年後は子会社へ」がいまはそうではない現状。入社時は60歳が定年だったのに、定年が見えて来たら、それは65歳、この先70歳となると意識が追い付かなくなるのも仕方がないのです。

桜井さん　54歳男性　1987年グループ入社　NTTコミュニケーションズ勤続15年
マネジメントサービス部課長

「57歳の部下、野村さんなのですが、去年の研修から戻ってきて**二、三日は興奮状態**でした。会社から期待されているから頑張りたいと。ただ自分の仕事にどう活かすかとなった時二の足を踏む感じになって、1カ月くらいで元に戻ってしまった。**一過性のモチベーション**でした。これは私自身も反省しているのですが、現業の中でどう消化していくべきか準備ができていなかったかもしれない。部署は総務労務でフレックスやリモートワーク、残業削減など働き方改革の旗振り役なのですが、野村さんは自分のやり方を変えるのがなかなか難しい。自己都合が優先？　若い頃から100%品質重視できているので、70%しか求められていない仕事にも時間をかける。アウトプットをショートタイムでと言ってはいるのですが……。公社時代はある意味市場競争がなく官僚チックで、自由を制限されていた。縦割りの発想というか、私のミッションは常に一人称で、チームの意識が乏しい。今の会社は自由な社風なのに、健診や年調など**仕事自体に古いやり方が残っている**ことが原因かも。組合折衝などはまだ紙ベースを求められますし……。野村さん自体に新しい仕事の経験が少ないこともあるのかな。去年ペーパーレスのベンチャー企業を見学に行った時も、私は紙で仕事をする、私には合わない、と言っていましたからね。頑固な職人気質？　私共も考えなければいけないのですが、研修の前工程・後工程のフォローがあればいいですね。どんどん増えている年上の部下の扱い方ですが、**頼りにしています、個人の技を組織の技に、という仕掛けが必要**だと感じています。持っている情報やノウハウを標準化してオープンにする仕掛け、本業以外のワークショップみたいなものがいいかもしれません。野村さんには継続して言い続けるしかないと思っています。」

「束の間の研修」と言われる悪しき事例です。桜井さんは物腰が柔らかく、年上の部下について非常に丁寧に語ります。研修や面談がいかに素晴らしくても戻ってきた職場の雰囲気や業務そのものに変化がなければその影響が小さかったと言わざるを得ないのです。「個人の技を組織の技に」はキャリアデザイン研修で部長が強調していた「デリバラブル」になります。職場に問題がある以上は変えていかなければなりませんが、一部署でできることは限られています。組織としての施策なりメッセージなりを粘り強く出し続けなければなりません。野村さんはいずれ定年で会社を去る身ですが、野村さんの遺す負の遺産は今のうちに払拭しなければ組織の未来に影を落とすことになります。ネガティブ思考・行動は周囲に伝染し拡散するリスクも高いのです。

さて、ここまで複数の面談とインタビューをみていただきました。キャリア面談が一筋縄ではいかないこと、人によってその反応が千差万別であることがおわかりいただけたかと思います。

研修後の感想は次の通りです（表2）。

表２　受講者ならびにその上司の声

受講者	毎日が忙しくて、先のことなど考えている暇はない。人事部は後藤（研修で観たドラマの主人公）のような存在だと自分たちを見ているのであれば心外である。部長講話は納得感があった。
	現状の置かれた立場への不満を共有できるよい機会だった。自分だけではないという安心感と勇気がもらえた。ドラマは客観的に観た。**あんなにうまくはいかないだろうが自分も変われると思う**。部長が示された各種人事データは生々しくガツンと殴られた感じがする。
	経験や強みを活かせと言われても、そもそもそれがないから困っている。できない人にも会社は本気で期待しているのか？
受講者の上司	自らが講師となり若手向けの技術勉強会をやり始めた。
	毎週末に業務の進捗や課題を報連相するようになった。
	敬遠していた最新技術の習得研修に突然参加希望を出してきた。
	昼休みに実施している若手対象の「英語でランチ」に参加するようになった。
	半期に一度ホームパーティにチームメンバーを呼ぶようになった。

（筆者　浅井・田中作成　2020）

○「会社が用意してくれた道に従う」という社員

将来のビジョンもないのに、高いパフォーマンスを出せているベテラン社員にみられるのが、会社の意思に従い、全力で取り組むという姿勢です。

専門性がない、人に勝てる特技もない、これといった資格も持っていない。

「だったら、会社から言われたことを全力で全うしよう！」

自分自身の強い意志でもって選択した道が「会社にしがみつく」というのであればそれは重い決断であり、結果としていい仕事ができているのです。

それに対して、「特にやりたいこともないし」「会社に流されていくものだと思っていた」「その時が来たら考える」など「しがみつく」という意志すらない社員は、パフォーマンスを発揮できていないのです。つまり、会社が用意してくれた道に従うという強い意思を持って働くことは、会社へのパラサイトを意味するのではなく、会社に貢献する貴重な人材になるのです。

「50歳を過ぎたら、仕事以外の生きがいを見つけなければ」という言葉に洗脳されてきている人が面談では増えていますが、別に仕事を生きがいにしたっていいのです。

「働き過ぎは良くない」のような文化が育まれつつありますが、真のプロフェッショナルを目指すなら仕事に専念してもいいのです。

◯「ありふれた毎日が幸せ」と感じられる日々

40代半ばの頃から、同じことを繰り返す毎日にうんざりしていたという田岡さんは、ある時から「ありふれた毎日が幸せ」だと捉えるようになったと言います。

田岡　「『このままでいいのか？』と常に刺激を求めていたような気がするのですが、結局、堂々巡りをしていたのです。そこで、キャリアデザイン研修を機に、自分なりに『幸せって何だろう？』って、毎晩寝る前に考えるようになったんです。それで、注意しながら周囲の人たちを観察していると、平凡な毎日だけどいつも笑っている先輩がたくさんいたんです。そしてやっとのことで、辿り着いたのです。それが『ありふれた毎日』が今の自分のいちばん価値あるものなのではないかって。今では『ずっとこのままが続きますように！』って毎朝、神棚にお願いしているぐらいです。」

最大のポイントは、面談などを経てしっかりとキャリアビジョンを考え抜いた結果、「自分はもうこれでいいんだ」という結論を出せたかどうかなのです。流されてだらだらやっているだけだと、不満も溜まるし組織に迷惑をかけてしまうことにもなるのです。

「考え抜いた」というプロセスを経ている人は、その時に必ず「思うもの」があって、自分の限界を知り、そういう結論を出しているのです。

迷惑をかけずにやろう、最低限できることでいいからやろう、評価には一切文句を言わない……などを誓った結果、「だらだら」という言葉に置き換わっているだけであり、その経過を辿らず、ただ流されて「お荷物」になっていく人とは全く違うのです。

本書で取り上げてきたのは、ミドルシニア社員の理想論ではありません。キャリア研修とキャリア面談を受講して、実際に気づきが生まれた一人ひとりの「変化」の記録なのです。ミドルシニアのキャリア開発に向き合う時に大切なことは、それぞれのこれまでの経験と、大切にしてきたキャリア・アンカーによって、「気づき」を得る場面や実際に行動が変わっていくペースがそれぞれに違うということなのです。

だからこそ、浅井は今日もミドルシニア社員一人ひとりに向き合っているのです。続く、第四章ではミドルシニア社員を活性化させるための秘訣についてみていきます。

BUSINESS
TRAINING

第4章

ミドルシニア社員を活性化させるための秘訣

○行動変容の結果

浅井のキャリア面談は、面談した1800名のうち、75%の社員に行動変容をもたらしました。一方で25%の社員には行動変容がみられませんでした。浅井は、25%の社員に行動変容がみられないことに課題を感じています。

とはいえ、それでもキャリア研修とキャリア面談を受講した75%の社員に行動変容がみられたという結果は、大きな成果です。

それでは行動変容をもたらした結果として、実際に何が起きたのかについて、具体例をまとめておきます（表3）。

これまでキャリア面談を実施してきた浅井がそれらの経験に基づき、次のような考えを持っています。

50代社員は、約30年間の社会人生活を経て、仕事の能力や抱えているプライベートの事情

表３　得られた行動変容の結果

声の主体	行動変容の結果
研修受講者	昇格できた。昇格面談に呼ばれた
	○○年ぶりにA評価がついた
	「　　　　　」の資格を取ることができた
	TOEICの点数を○○点上げた
	海外派遣のプロジェクトチームにアサインされた
	ダイエットで腰痛が治り、仕事がはかどるようになった
上司	自らが先生となって若手向けの技術勉強会をやり始めた
	毎週の締めとして業務の進捗や課題を報連相するようになった
	敬遠していた最新技術の習得研修に突然参加希望を出してきた
	全社員必須の事務処理（例：年末調整など）やe-learningを真っ先に実施するようになり、事務処理の効率テクニックをチームメンバーに共有するようになった
	昼休みに実施されている若手社員を対象にした「英語でランチ」の会に参加するようになった
	半期に１回程度、ホームパーティにチームメンバーを呼ぶようになった
	チームの雰囲気が「こんなにも変わるのか」と思うほど一変した

（筆者　浅井・田中作成　2020）

が異なり、それによって確立されている価値観がそれぞれに異なります。それをたった一つのプログラム（研修）でどうにかしようというのは、浅はかなことなのです。

当然のことながら、50歳を迎えた社員への「形式的な研修」となってしまうのでは抜本的な効果を期待することはできないのです。

そこで大切なことは、キャリア開発研修を定着させ、継続させること。6年間継続することで、行動変容した社員は、着実に増えているのです。

「わかる」と「かわる」のです。研修を受講して、気持ちが切り替わると、行動が変わるのです。ミドルシニアのキャリア開発では、凝り固まった社員の「マインドをリセットすること」が勘所なのです。

実際に、NTTコミュニケーションズで実施している社内研修とキャリア面談後みられる行動変容は、次の八つにまとめることができます。

①業務に役立つ新たなスキル（知識・技術）習得に取り組む
②既存スキルのブラッシュアップを行う
③最新情報（業界・技術）や会社動向を収集する
④将来を見据え、能力開発（資格の取得、研修の受講）に取り組む
⑤日常業務の取り組み方（姿勢）を変える
⑥組織内コミュニケーションを活性化させる
⑦地域とのつながりを増やし、社会貢献活動に取り組む
⑧健康管理を意識的に行うようになる

インタビューを通じてＮＴＴコミュニケーションズの雰囲気、組織文化についても尋ねました。その中で、働く社員・職場の温かさに関する声が多く聞かれました。

ワークエンゲージメントが高く、この温かな雰囲気が心理的安全を担保しているわけですが、逆に関係葛藤を恐れるあまり現状維持思考に陥ってしまっていることも伺えるのです。ならば変革が必要なのだと言えます。

組織文化について触れてみましょう。パーソル総合研究所がアジア太平洋地域14ヵ国で組織文化の特徴について調査（2019）したところ、日本での一位は「上層部の決定にはとりあえず従うという雰囲気がある」（80・2％）、二位「自分勝手に仕事を進める人よりも、和を重視する人の方が評価される」（75・8％）、三位「社内では波風を立てないことが何よりも重要とされる」（71・5％）でした。

インドネシア、マレーシア、フィリピン、シンガポール、オーストラリア、ニュージーランドで一位になった「チームとしてひとつにまとまっている」は日本では十位圏外になります。同様に他の国では上位にある「一致団結して目標に向かっていく雰囲気がある」も圏外でした。

トップの理解があり、それを引っ張るキーパーソンがいたとしても、「目に見えない企業文化」が阻害する要因になっていることも考えられます。これはシャイン（2016）が「文化の力がいかに組織の業績に影響を与えるか」と強調している点にも関連します。

同調査では上司のマネジメントの特徴についても触れています。「責任ある役割の付与・

任命」を5ヵ国が一位に挙げましたが、日本では第三位、日本の一位は「メンバーに対する平等な接し方」、二位は「ミス発生時の十分なフォロー」でした。

国別に、そして企業ごとに組織文化、上司のマネジメントスタイルは異なるわけですが、研修・面談の影響を持続させるためには、こちらも可視化しておく必要があります。

研修の成功要因について検証したBrinkerhoff & Apking（2001）によると、「事前に参加目的を明確に伝える」が40％、「よく考えられた企画、講師のスキル」は20％、「学びを他者に語り活かす『場』、上司・同僚・先輩の関わりの事後」が40％であると述べています（40／20／40 model）。

また、脳科学者D・ロック（2019）によると「新しく学んだスキルが行動として定着するに18日~8カ月を要する」とし、研修後30日以内に6回の振り返りをすることを勧めています。容易なことではありませんが、職場に戻った後のフォローが大切なのです。

○一貫した人事施策としてのキャリア開発

ＮＴＴコミュニケーションズでは、①トップの理解、②研修、③面談、④その後のフォロー、を一貫した人事施策として実施しています。筆頭に挙げたトップの理解は組織の中では最強の後ろ盾であり、浅井が労働組合幹部時代からトップと信頼関係を築けてきたからこそといえます。

企業トップから「君はまだ必要だ」と言われ続けることはモチベーション維持にもつながるのです。宮内が担当している各企業の社内研修で最後に社長からのメッセージがあるとないでは、受講者の顔つきが全く違います。

一連の人事施策はカートパトリックが１９５９年に提唱した教育評価の４段階評価にも合致します。ちなみに４段階評価とは、次の評価になります。

レベル１：Reaction（反応）学習者の研修に対する満足度評価

レベル2：Learning（学習）学習者の学習到達度の評価
レベル3：Behavior（行動）行動変容の評価
レベル4：Results（業績）研修効果による学習者や職場の業績向上度合い

レベル1、2までは多くの企業で実施されています。ですが、評価を行うための経験やスキルが求められているためにレベル3、4までは少ないのが現状です。NTTコミュニケーションズにおいてもレベル3、4の評価基準策定はこれからの取り組みになります。

報酬についてもみておきましょう。報酬には経済的報酬（給料・役職）と象徴的報酬があります。

象徴的報酬とは、働き甲斐のある仕事、職業人としての専門能力、人間としての成長。一番に挙げた「仕事の報酬は仕事」を組織も個人も忘れているのではないでしょうか。没頭できる仕事、一心不乱に取り組める仕事はなにか。そして「働くとは、傍を楽にすること」。この傍は先輩や上司からはじまり、顧客、社会へと成長とともに拡大していくのです。そして評価（報酬）は必ずしも経済的報酬にすべて還元されなくてもいいのです。

社内にポストが不足するのであれば新たな制度を立ち上げるのです。某飲料メーカーがTOO（隣のお節介なおっちゃん、おばはん）を作って若手の相談役にしている例は双方に効果があるでしょう。NTTコミュニケーションズでも「プロフェッショナル人材育成制度」があります。分野ごとに十数目のクリア項目を認定されると社長から認定証が授与されることの制度は、モチベーション・アップに大きく貢献しているのです。この精神的報酬と社会的報酬は特段大きなコストとはならないのです。

中高年のキャリア開発を推進する部署というのは、現在はダイバーシティ推進室などが担当していることが多いものです。可能であるならば、女性、LGBT、外国人、高齢者、それぞれの必要なキャリア支援を企業として充実化させていくことが求められています。

その前提として、ダイバーシティ推進室やキャリア開発支援室の担当者が3年ほどで定期異動する企業がありますが、これはせっかくの効果を薄めているといっても過言ではないのです。また、推進室や支援室といった形式的な名称だけではなく、本腰を入れて支援をしているメッセージとして専門性の高い担当者を置き続けることも重要なのです。

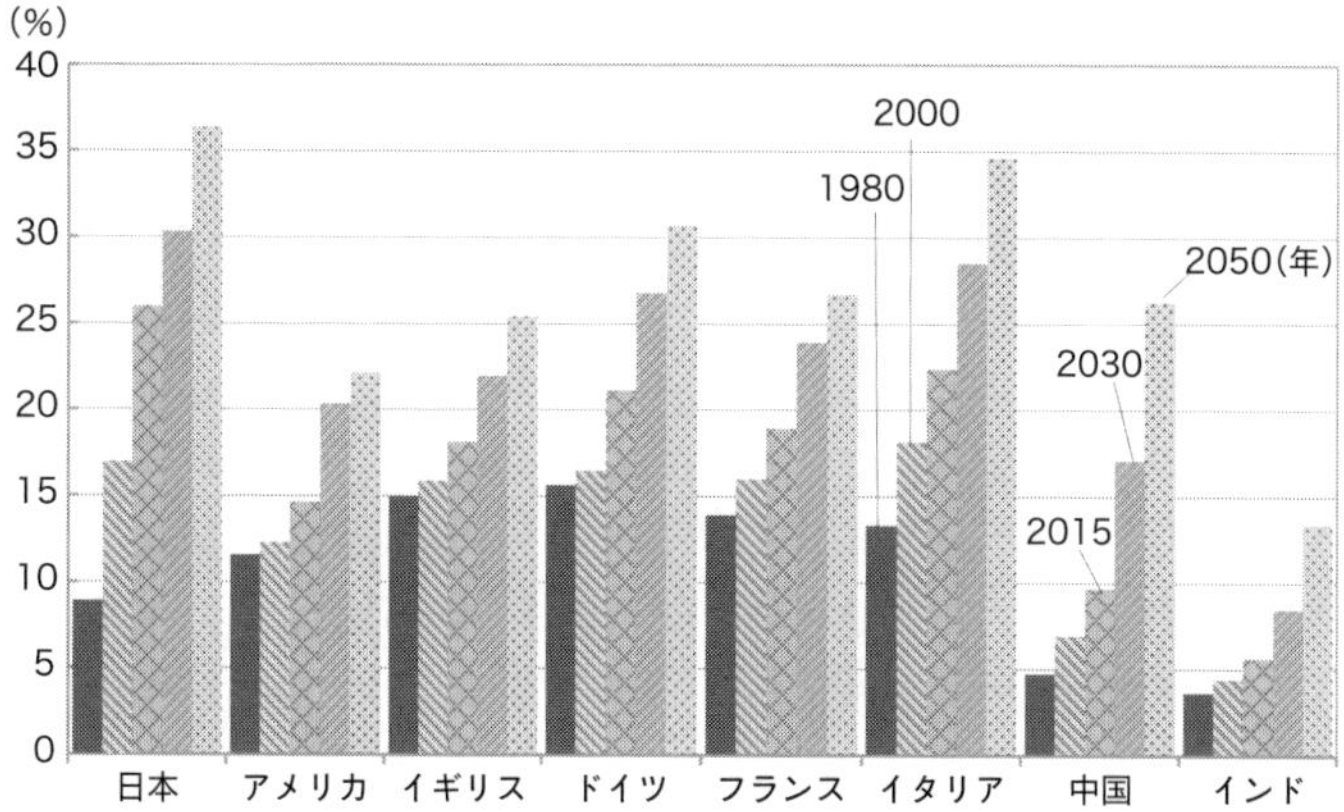

（出典：労働政策研究・研修機構
「データブック国際労働比較 2018」p.51）

図 7　老年人口比率（65 歳以上）

部署名に関連することですが、人材を「人財」に変更する企業も増えています。諏訪法政大学名誉教授が「かつて人は手であり足であり人手・人足といった。それが材料となり人材をあて、最近は財として人財とよばれる」と述べています。この「人財」を部署名にあてることで、内外に人を大切にしているという強いメッセージを発信することができます。

ＪＩＬＰＴ（労働政策研究・研修機構２０１８）作成の国際労働比較の65歳以上人口の予測を見ると、２０１５年26・３％が２０５０年には36・３％に達する見込みです（図７）。また国連データ２０１９をみると、

現在我が国の中位年齢が48・4歳、これが2060年には55・1歳となり、55歳を超えてきます。

今後我が国の中位年齢が55歳になると世界のトップランナーとなるわけで、世界の先行事例として注目が高まっています。70歳定年延長、定年制廃止が叫ばれる昨今、65歳までの福祉型雇用を続けられる会社は少ないのです。

経団連会長自らが終身雇用を否定する時代です。キャリアコンサルタントがいくら個人に焦点を当て支援しても、組織が変わらない限りはシニア社員の展望は望めないのです。キャリア・ミストを晴らすために、シニア社員が主体的行動を率先して取るようにするためには、鈴木・服部（２０１９）が指摘するように**私のアイデンティティは大切であるが、所属する組織の一員として私たちのアイデンティティという捉え方が大事**なのです。

高齢・障害・求職者雇用支援機構は、高齢従業員が活き活きと働くためのヒント集を公開しています。対策として、制度面、能力開発、作業施設等、新職場・職務の創出等、ワークシェアリング等、健康管理・安全衛生、定年前の準備支援を挙げています。

高齢就労者の定義について、実年齢、機能年齢、心理社会学、組織、生涯発達という五つの側面をSterns, Sterns, & Lisa（1996）が唱えています。機能年齢を取り上げると、生物学的および心理学的変化に基づく指標とし、能力、知識、スキル、経験の変化を挙げています。宮内は定年制撤廃の流れの中ではこの機能年齢（身体能力分析と生活機能評価）が重要と考えます。

キャリア開発のコストは会社だけが負担すべきものなのか、従業員個人が負担すべきなのかも今後議論を進めていかなければなりません。

なぜミドルシニア層のキャリア開発が必要なのでしょうか。その答えの一端として、バンデューラが自己効力感を高めると指摘する「モデリング」（代理学習）が挙げられます。未曾有の超高齢化社会において、若手や中堅のキャリアモデルを可視化していかなければならず、社内制度を含めたキャリアパスの策定が急務なのです。

バンデューラ（1979）は自己効力感を高める方法として、遂行行動の達成（実際に行動して成功体験を持つこと）、代理的経験（他人の行動を観察すること）、言語的説得（他者からの説得的な暗示）、情動的喚起（自己の生理状態の知覚）にまとめています。

組織としてはもちろん生産性の向上が問われることは言うまでもありませんが、昨今流行りの兼業・副業、越境学習、レンタル移籍など、今後組織間の流動が活発になっていくことが考えられます。大企業だけではなく予算の無い中小企業においては、一社だけの取り組みではなく、業界団体、地域の商工会議所などでのキャリア開発支援が増えていくことが望ましいのです。

組織として、キャリア開発支援の要・不要論について『これからのキャリア開発支援』（労務行政研究所 2016）にそれぞれの主張が挙げられています（pp.74-75）。

【必要派の主張】

・人材の流動化、雇用形態の多様化が進んだ現在、もはや終身雇用が保障されるわけではなく、社員が自律し、自分のキャリアを自分で考える時代となった。

・仕事を通じて、どのように成長するかを自分自身で考えることが、キャリア形成へとつながる。

・キャリア開発支援は結果的に人材育成と密接に結び付き、個人の能力・専門性の向上促進と同時に、企業の生産性の向上に役立つ。

・そのため、企業は個人・組織のキャリア開発支援を行い、キャリア自律の風土をつくることが、企業経営にも役立つことになる。

【不要派の主張】
・会社とは、与えられた目標に向かって一生懸命仕事をする場であって、自分のキャリア探しをする場ではない。
・仕事の壁や人間関係の問題を自分で解決できない人は、能力が低く、考え方の甘い人である。そのような人たちへの支援はコストがかかり、企業の生産性を下げることにつながる。
・キャリア自律を進めたら、人事配置などでわがままを言う人や仕事・職場の不満で安易に退職する人が増える。人事管理や上司のマネジメントがやりにくくなり、寝た子を起こすことになる。

ＮＴＴコミュニケーションズは研修と面談を一貫して行っている数少ない事例です。実は、日本の産業界におけるキャリアコンサルティングも１９５４年に、ＮＴＴコミュニケーションズの前身企業である日本電信電話公社が試験的に導入したことが始まりとされます。
キャリアに関するコンテンツをe-learning形式で発信していくだけでも相応の効果はあります。社内へのメッセージが社内イントラネットに代わられているのであれば、ここにキャリアに関する情報を、特にキャリアパスについて載せることから始めることもできるのです。

○評価されない中でのモチベーションの維持

近年老後の3Kと称される不安（健康、カネ、絆）は深刻であり、特に職場、家庭に居場所がなくなる不安は計り知れません。社内外のネットワーク構築は日々のちょっとした努力の積み重ねでもあります。

また50代の陥りやすい傾向について、宮内が行う研修の中では、「シニアシックになっていませんか?」と質問を投げかけています。人事担当者が言えない本音を外部講師だからこそ代弁するのです。

・いつまでも過去のプライドを捨てられない「オレオレ病」
・気が短く周囲に当たり散らす「イライラ病」
・周囲を否定しまくりの「ダメダメ病」
・新しいことに拒絶反応するばかりの「ムリムリ病」
・ただ聞いているだけで動かない「フムフム病」

『孫子の兵法』から連想したものですが、病名と症状を説明すると下を向いている受講生が大半を占めています。『孫子』によるとダメな軍隊には六つのタイプの兵士がいます。

①　秩序無く逃走する兵士
②　たるみ切っている兵士
③　士気が落ちてしまう兵士
④　組織を崩してしまう兵士
⑤　規律を乱す兵士
⑥　負けてしまう兵士

これらをどう扱うかがリーダーの務めなのです。たとえ給料が大幅にダウンしたとしても、ＮＴＴコミュニケーションズの待遇は転職するより好待遇です。一所懸命仕事をしてもしなくても評価にさほど影響はないのです。

しかし評価されない中でモチベーションを持ち続けるのは難しいのです。この点、職場内でのさらなる工夫が求められます。

このモチベーションについてDeci & Ryan（２０１２）が自己決定させることの重要性を説いた自己決定理論（ＳＤＴ：self-determination theory）」にも触れておきます。組織としても、個人としても三つの心理的欲求「自律性（autonomy）」、「有能感（competence）」、「関係性（relatedness）」を理解しておくことが重要なのです。

シニア向けとは銘打っていませんが、このマインドセットが大切なのです。また、山本（２０１８）は50代へのアドバイスとして、**自分で勝手に限界を決めない、新天地では自分を〝緩める〟ことも大切、「育成」こそキャリアを切り開く好機**と述べています。

生涯発達の視点からも、個人が自らを会社に委ねるのではなく、自律していく姿勢が求められます。シュロスバーグが述べる４Ｓ（Situation, Self, Support, Strategies）のうち、今一度自身の置かれている位置を客観的に確認し、キャリアビジョンを立て、自己の武器を準備していくことが肝要です。

支援してくれる人と場所は必ずあります。クランボルツの偶発性理論は研修でよく使われ受講生からの支持も高いです。好奇心、持続性、柔軟性、楽観性、冒険心（リスクテイク）があれば偶然を必然に変えられるのです。

シニア向けの研修で宮内は広辞苑の編者・新村出の三然主義を紹介します。自然を愛し、偶然を楽しみ、悠然と生きる、のはどうかと。特に偶然を楽しむためには、VUCA（Volatile不安定、Uncertain不確実、Complex複雑、Ambiguous曖昧）と呼ばれる現代を変幻自在に対応できるプロティアンな柔軟性が必須になります。

人生100年時代と声高に言われていますが、この範疇で言えば50歳はまだ道半ばです。残された50年をどう生きるのか、過去を再定義しながら、未来を模索し続けなければならないのです。個人は現在の事態のみを見るものではなく、その未来に対する期待、願望、恐怖などを持っており、かつ自身の過去の見解などの影響を受けるのです。

キャリアを考える上では意思決定が大切と言われますが、この意思決定においてはグラッサーの選択理論も大いに参考になります。その要素は三つあり、①Reality（現実的な選択か）、②Right（自分にとって正しい選択か）、③Responsibility（自身で責任が取れる選択か）、です。

宮内は研修やカウンセリングの場面ではパールズのゲシュタルトを意識しています。「今、ここ」をしっかり見つめ、どのように意識面・行動面で変化が生じていくのかを注視しています。Bite ⇒ Chew ⇒ Taste ⇒ Process ⇒ Behave（Action）。Bite から Taste が内省にあたります。

また、研修では言い古された感のある「ＰＤＣＡを回せ」ですが、最近はＯＯＤＡ（ウーダ：Observe みる・観察する、Orient わかる・方向付ける、Decide きめる・決定する、Act うごく・行動する）を使うことが多くなってきています。これはアメリカ軍のゲリラ対策として導入したものですが、ＰＤＣＡはプランに時間をかけ過ぎるため、変化を感知したら方向を決めて即座に行動することが求められています。

個人がいくら変わっても組織が変わらない限りは意味がないのです。組織へどう働きかけていくのか、この点は大きな課題として残ります。

○「働かない50代にしない」

これから浅井は新たな五名のチームを率いて「キャリアデザイン室」の立ち上げに取り組んでいくことになります。40代のミドル社員2000名を2年間で「働かない50代にしない」予防を経営ミッションに掲げています。会社で必要とされていること、面談希望者が絶えないことが浅井の使命感に火をつけました。

制度として続けることに意義があります。NTTコミュニケーションズが兼業を認めていることもあり、浅井は、社外での講演機会に、社会の取り組みを伝えるようにしています。ミッションとパッションが浅井の原動力なのです。

とはいえ、会社としてできる支援とできない支援があります。たとえば、課長研修は会社として経営メリットがありますが、課長に落ちた人のモチベーション・アップ研修まではできません。この研修や面談は労働組合ならできるのではないかと浅井は考えています。

さらに会社を辞めたいという人の面談はやっているものの、会社に残っている人に「なぜす。

残っているのか」という面談はできていません。本当はここに会社の強みが出てくるので

浅井の存在はシャイン（２０１４）が述べる「積極的な変革推進者（チェンジ・エージェント）」なのです。

社外キャリアコンサルタントの限界と可能性についても述べておきます。会社のことを知り尽くした浅井のような社内コンサルタントの存在は大きいものです。人事部から離れて、ありていに言うと人事考課とはまったく関係しない社員の味方・居場所があることが重要になります。

社内コンサルタントの役割について、浅川（２０１９）は、①アンテナ機能、②相談機能、③問題解決機能、④連携機能、⑤人材育成機能、⑥提案機能と述べています。一方、社外コンサルタントが事業会社でできることは社内キャリアコンサルタントのコンサルタント（＝支援者の支援）、いわゆるスーパーバイザーの役割になります。

個人が元気になり、組織が活性化される状態を目指すその意義は大きいものです。2019年には筑波大学大学院に「働く人への心理支援開発研究センター」が設立され、人生100年時代に向けてキャリア開発支援の機会は確実に増えてきています。

花田（2016）は、組織視点によるキャリア自律支援モデルとして、①ビジョン・方針、②制度、③現場での実践、④運用支援の役割、⑤風土、⑥行動評価を挙げています。個人のキャリアに対する意識変化とともに、企業・組織の制度・風土が変化していくことが求められています。

この点、下村（2016）は「個人主導のキャリア開発を組織全体で行う必然性」を強調しており、木村（2018）も「**個人の職業的成功と企業の組織目標の達成にあたって個人の論理と企業の論理の共生を図ること**」（強調筆者）がキャリア開発ではないかと論じています。

個人と企業が別々ではなく、ともに協働で行っていくキャリア開発が今後ますます求められていくのではないでしょうか。中原（2017）が職場をコンフォートゾーン（快適空間）、ストレッチゾーン（挑戦空間）、パニックゾーン（混乱空間）に分類し、人はストレッチゾーンで成長すると述べています。これは花田がキャリアストレッチと称していることにつながります。適度なストレッチが求められる職場は従業員個人においても軽度な負荷で安心して成長できる状態といえます。このストレッチ環境を職場内に醸成していくことが望ましいのです。雇用制度は、企業規模別にみると次のようになっています。

66歳以上も働ける制度がある企業の割合は30・8%と、前年よりも3.2ポイント増えたとする調査を22日、厚生労働省が発表した。政府は人手不足の緩和や社会保障財源の確保を目的に、70歳までの雇用機会の確保を企業の努力義務とする方針で、厚労省は「検討している新制度が整えば、さらに広がるだろう」(高齢者雇用対策課)とみる。

従業員31人以上の企業に6月1日時点の高齢者の雇用状況を尋ね、16万1378社から回答を得た。企業規模別でみると、66歳以上も働ける制度があるのは、大企業(従業員301人以上)が25・3%だったのに対し、中小企業(同31人以上)は31・4%と、中小企業の方が高齢者の雇用に前向きだった。「高齢者に長く働いてもらわないと経営が立ちゆかない」(中小企業団体幹部)という、中小企業の厳しい人手不足が背景にあるとみられる。

具体的に採用している制度を尋ねると、契約社員などとして再雇用する「継続雇用制度」が84・1%を占めた。定年の廃止は8.7%、66歳以上への定年の引き上げが7.3%だった。

一方、希望した人全員が66歳以上まで働ける制度がある企業の割合は1.1ポイント増の11・7％だった。中小企業が12・6％で、大企業は4.2％だった。

（朝日新聞２０１９年11月23日朝刊）

政府は「70歳まで働く機会確保」に向けた制度作りの議論を厚生労働省・労働政策審議会で始めています。すでに企業に義務化している①定年の廃止、②定年の延長、③契約社員などで再雇用、さらに④他企業への再就職の実現、⑤フリーランスで働くための資金提供、⑥起業支援、⑦ＮＰＯ活動などへ資金提供を加えています。

④〜⑦については企業の労使が決めることになりますが、政府はこれら改正法を２０２０年3月に成立させ、翌年4月から適用されることになりました。これを受けて企業も従業員個人も自身のキャリアについて準備していかなければならなくなります。

個人としては、自ら主体的にキャリア形成に取り組んでおくべきなのです。

働き方改革、人生１００年時代といった見出しが新聞等の報道で増える中、企業や業界団体が提言を出す動きも活発になってきました。

関西経済同友会の「人生100年時代委員会」（委員長・古市健日本生命保険副会長）は13日、超長寿社会の到来に向け、社外での活動も含め、社員のキャリア構築と生活力向上のための技能・知識獲得を企業が積極的に支援すべきだとする提言を発表した。そのような取り組みが結果的に企業の魅力向上、人材確保につながるとしている。

提言は、社員を自社の内部だけで育成する従来の人事・育成手法が技術などの陳腐化を招き、企業の競争力をそいでいると指摘。社員も長期化する老後を生き抜く技能を得られず、生活に強い不安を抱いていると分析した。

そのため、社員が30歳の段階から企業が定期的に研修を実施し、目指したいキャリア構築などを検討させるべきだと主張。社員の他企業への「レンタル移籍」や副業、兼業の容認、大学院や非営利法人での学習支援などを求めている。

大阪市内で会見した古市委員長は「企業が社員のキャリア構築を支援することが、結果的に社員の離職率を低下させるとの調査結果も出ている」と述べ、企業が積極的に社員の可能性を引き出す取り組みを進めるべきだと強調した。

（産経新聞2019年12月13日朝刊・傍線は筆者）

社員のキャリア開発を積極的に支援する企業が今後増えていくことになるでしょう。とくに、社員の能力開発という点からみると、社外でのビジネス経験、社外との定期的な交流や学習経験が、本業でのビジネスパフォーマンス向上につながるのです。社員を組織内に囲うのではなく、「社員の背中を押す」への方針転換が、企業には求められているのです。

○ミドルシニアの社内面談でのポイント

ミドルシニアの社内面談で事前に押さえておくべきポイントが次の通りです。

(1) 一般社員の給与制度
＊業績評価が1ランク違う場合の影響額
＊総合評価が与える基本給、退職金への影響額
(2) 定年再雇用制度　＊上位スキームの選考基準
(3) 退職金・年金　＊いつから、いくらもらえるのか？
(4) 面談相手の入社時からこれまでの「働き方」

現状として社内施策としてできないことについても把握しておくことがベストです。浅井が取り組む中で、①降格制度・飛び級制度、②管理職と非管理職との給与逆転（成果や能力に応じての給与制度）、③成果に対する報酬増、これらは研修担当者の力ではできないのです。

1on1でのキャリア面談を行う際のポイントについて、浅井は次の四点を重視しています。

(1) とことん愚痴を吐いてもらう。↓愚痴は「自分がなりたい姿」の裏返し。

(2) やりたいことではなく「得意なこと」に着目する。↓体力や気力が衰えてきた今、できるだけ少ない努力で成果につなげる。

(3) 仕事の目標ではなく「人生の幸せ」を一緒に考える。↓会社は65歳までのことしか考えてくれない。

(4) 目標設定の前に、まずは元気になってもらう。↓年とともに健康、家庭、お金など、仕事以外の悩みにシフトしていく。

○50代の非管理職社員のモチベーション向上施策とは？

もちろん、モチベーションが低い社員を企業も黙ってみているわけではありません。50代の非管理職社員のモチベーションをいかに上げるのか。日本の人事部が実施した調査をもとに、企業全般の取り組みについてみておきます（表4）。

○ベテラン社員の活性化に向けて

ベテラン社員を活性化させるには、組織長と方向性の確認が欠かせません。研修の意図や意義が伝わらないとすぐに予算カットされてしまうのです。

これらをもとに、浅井が考えるベテラン社員活性化アイデアをまとめておきます（表5）。

いずれにしても、目指すべきは、現役中は任された業務での成果を高めつつ、定年後、再

配置転換	新しい部署への配置
	本人の希望を尊重した部署配属
	部下を持たない専門職へのコース変更への会社推薦
若手の指導・育成	新人を付けて見本となってもらっている
	新人育成のミッションを与えている
働き方の配慮	介護と仕事の両立へのサポートとして極力残業を発生させない
	在宅勤務などができるようにしている
専門性の配慮	期待する役割の明確化
	専門性を活かした業務をアサインする
表彰	勤続功労などの表彰
	頑張っているシニア社員を社内HPで取り上げて紹介している
その他	お互いを役職で呼ばない「さん付け運動」の実施
	上司の理解
	上位資格の創設（上位資格を目指した意識改革・行動改革のため）
	定期的なサーベイを実施、アクションプランを策定

（出典元：「株式会社HRビジョン『日本の人事部』人事白書2019」（pp.186-187）をもとに筆者　田中が一部改変して作成　2020）

表４　モチベーション・アップのための細かな取り組み

面　談・　コミュニケーション促進	経営陣との面談を通じて意思疎通を円滑にすること
	転換エキスパートとしての位置付けの相互認識向上のための面談
	キャリア面談の重視
	個別対話による動機づけ
	日常会話などのコミュニケーション
	対象者に自身が持っている能力や経験は会社の財産であることを伝える
	正式な面談だけでなく、よく話すこと
研修での動機付け	セカンドキャリア研修の実施
	ライフプラン研修
	集合研修
	マインドセット研修を実施
	キャリアデザイン研修等で、意欲・意識づけ等を実施
	研修やワークショップに参加してもらう
	年代別研修の実施
	セカンドライフセミナーの開催。今から定年後のことを考えてもらいつつ、定年までの残された期間をどのように過ごすかも考えるきっかけ作りのセミナーを実施
給与見直し、評価体系	給与水準切り下げの廃止検討
	60 歳の定年退職後も、給与はむやみに下げることなく、業務の実績や負担の重さ等によって、給与を維持あるいは昇給をさせている
	57 歳以降、定年 60 歳までの間の賃金減少を抑制するとともに、55 歳以降も会社への貢献度が高い場合は、昇格・昇給も実現している
	成果報酬制度を年齢で区分けしない
	成果に応じた賞与評価
	後輩の育成や技術の伝承をした場合、賞与の減額割合が低くなる制度がある

マネジャー業務の見える化	業務の見える化 勤務管理は毎日おこなっているか？　旅費の決済はためていないか？　e-learningや総務業務の進捗が危うい社員はいないか？	上司と部下との日頃のコミュニケーション量が増える 業務管理とフィードバックの連動
ベテラン専用Webとベテランコミュニティの活性化	ベテラン社員に関する各種情報発信 50代で必要になる情報の掲載 例：退職手当と税金、退職手当から引かれる企業年金資金、年金に関する知識 例：退職再雇用制度の詳細	活躍しているベテラン社員、リタイア後、幸せな人生を送っているシニアへのインタビューを形成 キャリア形成のヒントになる
自身の市場価値の見える化	転職サイトへ自身のデータを登録し、求人を待つ	自分自身の市場価値（他企業からどれぐらいオファーがあるか、自分の価値を客観的に知ることができる） → いかに現在、高い賃金で雇用されているかを再確認できる。会社の見方が変わる 自分の「足りないスペック」と「高く売れるスペック」が明確になる →足りないスペックを定年までに身に付けたり、高く売れるスペックをさらに磨き上げることにより、定年再雇用制度に依存することなく、それを上回る処遇での再就職が可能になる

（筆者　田中作成　2020）

表5　ベテラン社員の活性化に向けて

活性化施策	概要	効果
残留パスポート	逆 FA 制度。現在の組織に残りたい、現業を継続したい人は宣言すれば異動対象に挙げられることなく、そのチームに残り続けられる制度	「異動がない」ことを宣言されることにより、多くの社員がポジティブな気持ちになる 対象者（権利を得る人）の条件を設定しないと、優秀社員のリテンションに利用される。 例：年齢制限（50 歳以上等） 例：業績制限（過去２年でＢ評価３回等）権利を行使できる期間（1 年、3 年、定年まで等）の設定、個別運用のルール決定
実践リーダー	スキル診断における社内基準のダブルメジャー、トリプルメジャーを取得するための組織独自プログラムの検討、開発。 組織が求める分野（3 分野）を獲得した人には「○○○」という称号、5 分野を獲得した人には「□□□」という称号を与え、ＨＰ上に公表するなど名誉の報酬と「残留パスポート」の権利獲得	評価が看過されがちだった「現場で実業務を円滑に回してくれている実質的運用リーダー」の本質的な変化・成長に期待 ベテラン社員の役割であるコーチングを積極的に活用できる場の創出と地位の提供 このプログラムを組織独自で練ること自体や、運用や管理を行うことを本来業務とする新たな活躍場所の捻出
コミュニケーションサポーター	コミュニケーションの活性化をメイン業務とするチーム（or 個人）の結成。意思のある管理者が「コミュニケーションアドバイザー」の役割を担い、ベテラン社員がその「コミュニケーションサポーター」役としてアドバイザーを補佐すると同時に実行上の担当者となる	専任化させることで効果が上がる 所属部署だけでなく、他の部署の活性化施策もアドバイスしていく 若手社員と連携を仕組み化する

2014～2016年度に50歳だった社員の傾向	最近（2017～2018年度）の50歳が考え始めたこと		
	パターン① 65歳までは会社依存 65歳以降も働きたい	パターン② 60歳以降は別会社へ再就職 50代の内に自身の市場価値を高めるスペックの習得	パターン③ 50代の内に副業を開始 65歳までは再雇用と副業半々 65歳以降は副業の本業化
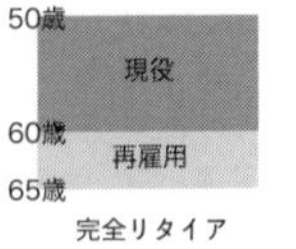	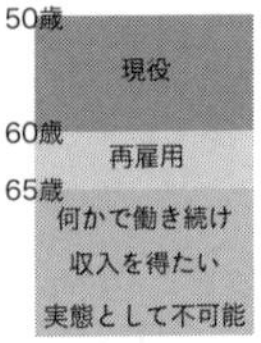		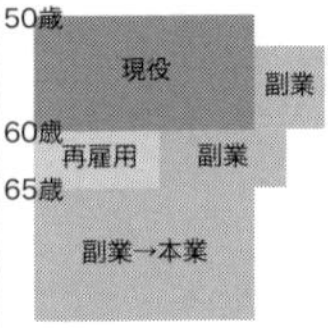
65歳でハッピーリタイアの人は会社依存で問題なし	ずっと働きたい人にとって会社の定年再雇用は65歳までしか働けない リスキーな選択	もはや会社に依存しない働き方を検討、準備、実行している。 まだ、少数派ではあるが、2年前までほぼゼロだったのに対し、今では 1～2 割が考え始めている。	

（筆者　浅井作成　2020）

図８　年代による50歳が迎える転機の違いとキャリアのパターン

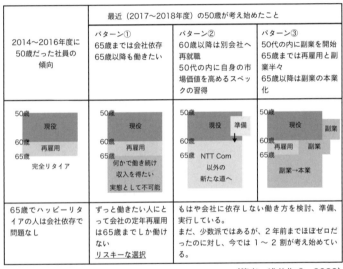

雇用の処遇以上の仕事がすぐに見つかる人材になることです（図8）。会社の再雇用制度は再就職ができなかった時の「保険」として捉えておくのです。

そしてこれらのキャリア面談の知見を踏まえて、40代の社員には次のようなことを伝えていくのです。

①昇進を目指すのか？
②プロ中のプロとして専門性を磨くのか？
③定年後を意識した市場価値を高めていくのか？

これをできるだけ早い段階から考えるようにしておくのです。NTTコミュニケーションズは、

①早い時期に昇進の見通しがつく。これもキャリア形成を考える上では、メリットなのです。
②最高技術を持った会社。これから新たなことにチャレンジしても、10年、20年あればプ

ロ中のプロになれる。
③市場価値を高めることができる育成プログラムは万全である。
それでも、あなたは「お荷物社員」になるのですか？

BUSINESS TRAINING

第5章

キャリア開発に関する視座

○キャリア開発とは？

働き方や生き方をアップデートするために本書ではビジトレを推奨してきました。このビジトレを理解するのに適した専門的な考え方があります。

それが本書のサブタイトルにも用いている「**キャリア開発**（Career Development）」です。

本章では、改めて「キャリア開発」という言葉について解説していきます。

「キャリア開発」とは、「キャリア（Career）」と「開発（Development）」を掛け合わせた言葉になります。

キャリア（Career）という言葉は、よく耳にするようになりました。「人生１００年時代のキャリア」という文言を見る機会が新聞紙面やネット記事でも増え、キャリアという言葉が意味する内容も、近年、広く認識されるようになってきました。

キャリアとは、ビジネスの実績や成果のみを指すのではなく、働き方や生き方の全てを含む「軌跡」を意味します。「軌跡」というと「これまで辿ってきた道＝過去」のことが想起されると思います。キャリアでは、「これから辿っていく道＝未来」のことも考えていきます。

つまり、「過去」――「現在」――「未来」をつなぐ「軌跡」として理解しておくようにしましょう。本書でもこのキャリアの視座に基づき、これまでを振り返り、今を見つめ、これからどうしていくかを連続性の中で捉えてきたのです。

一方で、開発（Development）という言葉は、システム開発、事業開発、土地開発など様々な日常的な場面で用いられています。開発は「何かを創り上げていく」という「プロセス＝過程」に重きが置かれた言葉として用いられていますね。キャリアの考え方にひきつけて述べるなら、ただ単に「これから辿っていく道」をイメージするだけでなく、「より良くしていくための道」を構想していく手段が開発になるのです。

「過去」――「現在」――「未来」の軌跡からなる「キャリア」と、これから「何かを具体的に創造」していくという「開発」という言葉を掛け合わせているのが「キャリア開発」になります。

キャリア開発には、**①あなた個人がこれまで培ってきたビジネス経験を活かして、これからのキャリア形成をより良くしていくことと、②組織があなたのビジネスパフォーマンスを上げていくために取り組む人材開発との双方のねらいが込められています。**

つまり、キャリア開発とは、〈個人と組織〉をつなぐ実践的な考え方になります。そのため、本書のビジトレも、個人と組織の双方の視点から編まれているのです。

キャリア開発を難しく捉える必要はありません。あなた自身がこれからの自分自身のことを企業に任せないこと。自ら主導権を握りキャリア形成をしていくための方法としてひとまず、イメージを膨らませておいてください。

しかし、誤解をしてはならないのが、次の点です。

キャリア開発とは、自分だけよければそれでいい、というような身勝手な考え方ではないということなのです。組織にキャリアを預けないとしても、まずは、今雇用されている職場であなた自身がベストなパフォーマンスを発揮するための準備であり、心構えであり、具体的な取り組みなのです。

言い方を変えるなら、「あなたらしさをしっかりと発揮しながら、組織内での関係性も大切にしながら働き続けていく」手助けとなるのが、「キャリア開発」という考え方なのです。

本書の第二章以降は、NTTコミュニケーションズの50代正社員を対象にしたキャリア開発研修、キャリア開発面談、その後の意識・行動変化について参与観察ならびにインタビュー調査のデータをもとに分析と執筆を進めてきました。

(1) キャリア開発研修で何が行われているのか
(2) 研修を通じて、ベテラン社員はどのように変わるのか
(3) そもそも、NTTコミュニケーションズにとって、ベテラン社員を対象にしたキャリア

開発研修はいかなる意味を持つのか

これらの問いを一つひとつ紐解いていきました。本章では、キャリア開発支援に関する先行研究について、①個人視点からのキャリア開発、②企業視点からのキャリア開発、③個人──企業双方の視点からのキャリア開発、を順にまとめていきます。

○個人視点からのキャリア開発

そもそも「キャリア」という言葉の理解には、世代間のズレがあります。2009年の大学設置基準にキャリアガイダンスが加えられたので、それ以前に入社した人たちは職場で「キャリア」について聞く機会は稀でした。個人の主体的なキャリア形成よりも、組織の中でのコミットメントが求められてきたのです。

個人の視点からのキャリア開発を考える時に、参考になるのが「キャリア自律」という考え方です。

キャリア自律とは、「めまぐるしく変化する環境の中で、自らのキャリア構築と継続的学習に取り組む、生涯にわたるコミットメント」（花田・宮地 2003）として広く認知されています。

もともとは米国カリフォルニア州に拠点を置くキャリア・アクション・センター（CAC）がキャリア自律型キャリア開発モデルとして定義したものであり、モデルの特色として次の四点を挙げています。

①自己を理解する、②環境を理解する、③その統合を行い、④自己のキャリアゴール、アクションプランを構築する。また、ワークショップを実践していくにあたり、気付き、価値観、継続的学習、未来志向、ネットワーキング、柔軟性の六点を最重要ポイントとしました。花田はこのプログラムを日本版に改良しCRL版プログラムを開発しました。花田論文で興味深いのは「自立」と「自律」の相違について触れている点です。

「自立」の状態にある個人は、自分の意見を持ち、自己の意見を主張できる人材であるが、それは個人の単なる自己主張・満足で終わってしまう状態（中略）自律では、他者のニーズを把握し、それとの調整をはかりながら、自分自身の行動のコントロールを行い、自らを律しな

がら、自己実現を図ることのできる人材である。（中略）キャリア自律での一つの課題は、多くのキャリア自律を目指す者が、この自立と自律を混同し、キャリア自律がひとり歩きをしてしまっている点にある。（中略）真のキャリア自律とは自分自身のキャリアビジョンをしっかり持ち、長期的な視点から自分のキャリアを構築することであり、困難な状況にも自己動機付けをもってチャレンジし、バリューのストレッチングを行うことのできる状態である。言い換えるなら、チャレンジの気持ちを持ちながら、日々の自己啓発を行うことに他ならない。

（花田光世 2003「キャリア自律を考える」CRL REPORT No.1 p.11・傍線は筆者）

キャリア自律と同義語である「自律的キャリア」についても確認しておきましょう。宮島（2012）はホールの四つの概念、すなわち「昇進」、「専門職」、「生涯にわたる仕事の連鎖」、「役割経験」を用いながら、自律的とは本来個人のものであり個人主導で形成されるべきものであるが、組織主導で形成されている現状を問題視しています。

藤本（2018）は2016年に行われた「企業内の育成・能力開発、キャリア管理に関する調査」（労働政策研究・研修機構 2017）のデータをもとに、企業の経営方針とキャリア自律促進との関係に着目しています。社員の自己啓発に関わる取り組みのうち、キャリア自律促進企業（n＝147）とそうでない企業（n＝384）の実施率に統計的な有意差が認められたのは「研修・セミナーに関する情報提供、金銭補助」、「自己選択型の研修、e-learning の実施」、「大学・大学院、専門・各種学校等への進学など、期間の長い自己啓発に対する支援」であったと述べています。

キャリア開発に関する先行研究からは、組織側からキャリア自律を促すメッセージは見えてくるものの、働く従業員個人の視点が不足しています。個人の視点に焦点を当てた「キャリア自律が組織コミットメントに与える影響」（堀内・岡田 2009）などはあるものの、花田が指摘している組織と個人のキャリア自律の統合については触れられていません。

下村（2009）は、50代常勤職2050名に質問紙調査を実施、54名にライフライン法による分析を行っており、仕事面と家庭面の両面からキャリア発達の多様性を考えていかなければならないと論じています。

石山・パーソル総合研究所（2018）は、ベテラン社員4700名を調査、ミドルシニアの憂鬱「キャリアの霧」を明らかにしながら、PEDALと称した五つの行動指針を示しています。「まずやってみる（Pro-active）」、「仕事を意味づける（Explore）」、「年下とうまくやる（Diversity）」、「居場所をつくる（Associate）」、「学びを活かす（Learn）」。これらPEDALを漕ぐだけではなく、リアリスティック・キャリア・プレビュー（RCP）、つまり行き先をイメージすることの重要性を論じています。

このように目標を設定することの重要性に加えて、中高年のキャリアは定年後の生活の安定について考慮しておく必要があります。「ポストオフになり初めて給与明細を見た時のショックは大きかった」と多くの当事者が心境を口にします。

自ら主体的に成長していく意志を持ち、個人が自らのキャリア開発を理解し、主体的に準備・行動することが望まれています。

○企業視点からのキャリア開発

キャリア開発は、組織が社内で実施する人材開発に加えて、個人が主体的に能力を高めていく行為の両方を含んでいます。

個人が主体的にキャリア開発について向き合うきっかけとなるキャリア開発研修は入社後、定期的に実施されているわけではありません。これまでは新入社員研修や、階層別研修として実施されてきました。

近年になり、ミドルシニアを対象としたキャリア開発研修が積極的に実施されるようになってきました。その社会的背景には高年齢者雇用安定法の改正があります。2012年に高年齢者雇用安定法が改正され、2013年から希望者全員を対象に65歳まで雇用機会を確保することが義務付けられました。年金支給開始年齢の引き上げによるものですが、企業は未だ手探り状態で福祉型雇用からの脱却を目指しています。

日本的経営が歴史的転換を迎える今、社内教育制度も当然変化していかなければなりません。ですが、企業においては若手、中堅までを対象とした研修が依然として多いのです。キャリア中期からキャリア後期の研修が手薄なのです。それぞれの年代での役割・責任を明確にした上で、人生100年時代のキャリア開発を構築していかなければならないのです。

宮城（2005）はこの時期に生じるストレスを「キャリアストレス」と述べており、企業・組織にとっては、キャリア開発に基づき実力のある人材を育成し、企業間競争に勝ち、組織として勝ち残ることが必須の課題であると述べています。

また、同様に個人にとっても、企業や組織に自らが雇用され得るに有能な人材として認められ評価され、自らの雇用を引き続き確保することは、何よりも重要課題であるとします。そしてその支援者として、企業・組織のインフラを社会と組織内部に作るべき、と強調していますがまだまだ道半ばです。組織としては50代正社員をどう活用していくかが企業存続のカギなのです。

経営層・管理職は、社会的責任として雇用するのではなく、戦力として活用するという考えを持っています（浅野 ２０１７）。

経団連のアンケート（日本経済団体連合会 ２０１６）でも、企業が高齢社員に期待するものは「今まで培った経験等を活かした専門能力の発揮」（50・０%）、「スキルやノウハウ、人脈や顧客等の継承を通した後輩の指導」（37・９%）とあります。一方高齢社員の活躍にあたっての問題点として「再雇用後の処遇の低下、役割の変化により、モチベーションが低下」（53・４%）、「自社において活躍する職務・ポストが不足」（26・７%）となっています。

一番の課題は本人のモチベーション維持・向上です。55歳で役職定年があり、期待される役割が大きく変化する、60歳以降は再雇用されるが、新たな処遇に満足できない、新たな役割に適応できない、特に部下なしで仕事をする能力が乏しいと指摘します。

新卒で入社以来60歳をゴールに働いてきたのでゴールを伸ばされるとモチベーションが保てないのです。

企業におけるキャリア開発の実施状況をみておくことにします。

2019年8月に某財団法人でランダムに聞き取った企業におけるキャリア開発支援の実施状況（表6）ですが、やはり階層別や若手中心に研修がなされており、ミドルシニアに向けた社内施策は乏しい現状がみえてきます。

一方2015年ストレスチェック導入後、メンタル関連のカウンセリング室は散見されるようになったものの、生涯キャリアを包括するキャリア相談室は十分ではありません。この点も今後の社内施策に入れていく必要があります。

次にキャリア開発支援の実施例として、経済産業省産業人材政策室が2017年に公表し

表6　企業におけるキャリア開発実施状況

		キャリア開発研修		社内施策		キャリア相談室	
1	機械	○	階層別、55歳時	△	公募、検定費用補助、労組主催研修	×	メンタル不調者対象のみ
2	金属	○	階層別、45歳以上	△	公募、留学	×	EAP（外部委託）
3	金融	○	階層別、3年目、50歳以上	△	公募、職種転換、自己啓発支援	×	
4	金融	○	3年目、10年目、40、50歳時	△	職種転換、自己啓発支援	○	社内3名、社外4名
5	研究	△	階層別、20、30、40歳時	△	公募、職種転換、資格支援	×	
6	航空	△	階層別、コア人材	△	公募、自己啓発支援、留学	○	社内カウンセラー16名
7	交通	△	階層別、グローバル	△	公募、自己啓発支援、留学	×	
8	交通	△	階層別、語学、留学	△	公募、職種転換、女性支援	×	入社2年目までメンター制度
9	情報	○	入社2年目、30、40、50歳時	○	人材公募、セカンドキャリア	○	社内カウンセラー5名
10	情報	○	30、40、50歳時	△	公募、職種転換、女性支援	○	社内カウンセラー2名
11	情報	○	階層別、コア人材、グローバル、50歳	△	公募、女性支援、留学	○	外部委託
12	食品	△	新卒入社時	△	公募、FA制度、職種転換、女性支援、自己啓発支援、留学	×	
13	精密機器	△	階層別、55歳時	△	職種転換、自己啓発（通信）支援	×	メンタル相談のみ
14	電機	△	係長昇格時、コア人材	△	グローバル人材育成、自己啓発支援	×	

※ミドル・シニアを対象としているものを○としている。

（筆者　宮内作成　2020）

た「人生100年時代」の企業の在り方を取り上げます。従業員個人がキャリアオーナーシップを持ち、社内外の広い選択肢を視野に入れてキャリア開発をすることが必要です。従来は、入社後の終身雇用が前提であり、キャリアは会社が作ってくれるが、景気の悪化に対応できない、定年後は再雇用しか道がない、という制度設計でした。

これからは、キャリアは自分で作る、環境変化に耐えられるキャリア設計、生涯にわたって求められる人材へ、と制度そのものを変えていく必要性があります。

そして企業が従業員に向けて取り組むべき三つのポイントは次の通りです。

①キャリア開発支援
②リテンションの強化
③新たな関係性の構築

またキャリア開発支援に取り組む好事例として数社の事例（表7）を取り上げます（ここ

表7 「キャリア開発支援」に関する取り組み事例

	社内外研修	キャリアカウンセリング	人事制度の整備	兼業・出向等
大手食品飲料メーカー	30歳から10年度にキャリアセミナー	―	希望部署へ直接アピールできる	グループ外へ1年間出向（若手向け。シニア向けを検討中）
積水化学工業	30歳から10年度にキャリアセミナー。社外ビジネススクール・セミナー派遣。自社研修。	―	昇進昇格・異動等での手上げ人事	―
大日本住友製薬	50歳でキャリア形成支援セミナー	フォローアップ面談	―	―
高島屋	30歳から10年度にキャリアセミナー	適宜キャリアカウンセリング	―	―
富士ゼロックス	55歳でキャリアワークショップ	―	―	高齢社員へ兼業を認める
A社	50歳でキャリア形成支援セミナー	50歳でキャリアカウンセリング	―	許可制で兼業を認める

（産業人材政策室「人生100年時代」の企業の在り方より筆者一部改変）

では数社の事例に、本書の対象企業であるNTTコミュニケーションズを加えた。表の中の「―」は必ずしも取り組んでいないということではない）。

研修だけ、カウンセリングだけ、人事施策だけ、を単体で行っている企業は多いのですが、一貫して行っている事例は少ないのです（図9）。以前はやっていたが現在は実施していないという企業も多い。社内研修の形骸化がみられるのです。

ベテラン社員のモチベーション低下を回避するのではなく、いまだ定年前の老後のマネー&ライフプランを考えるだけ

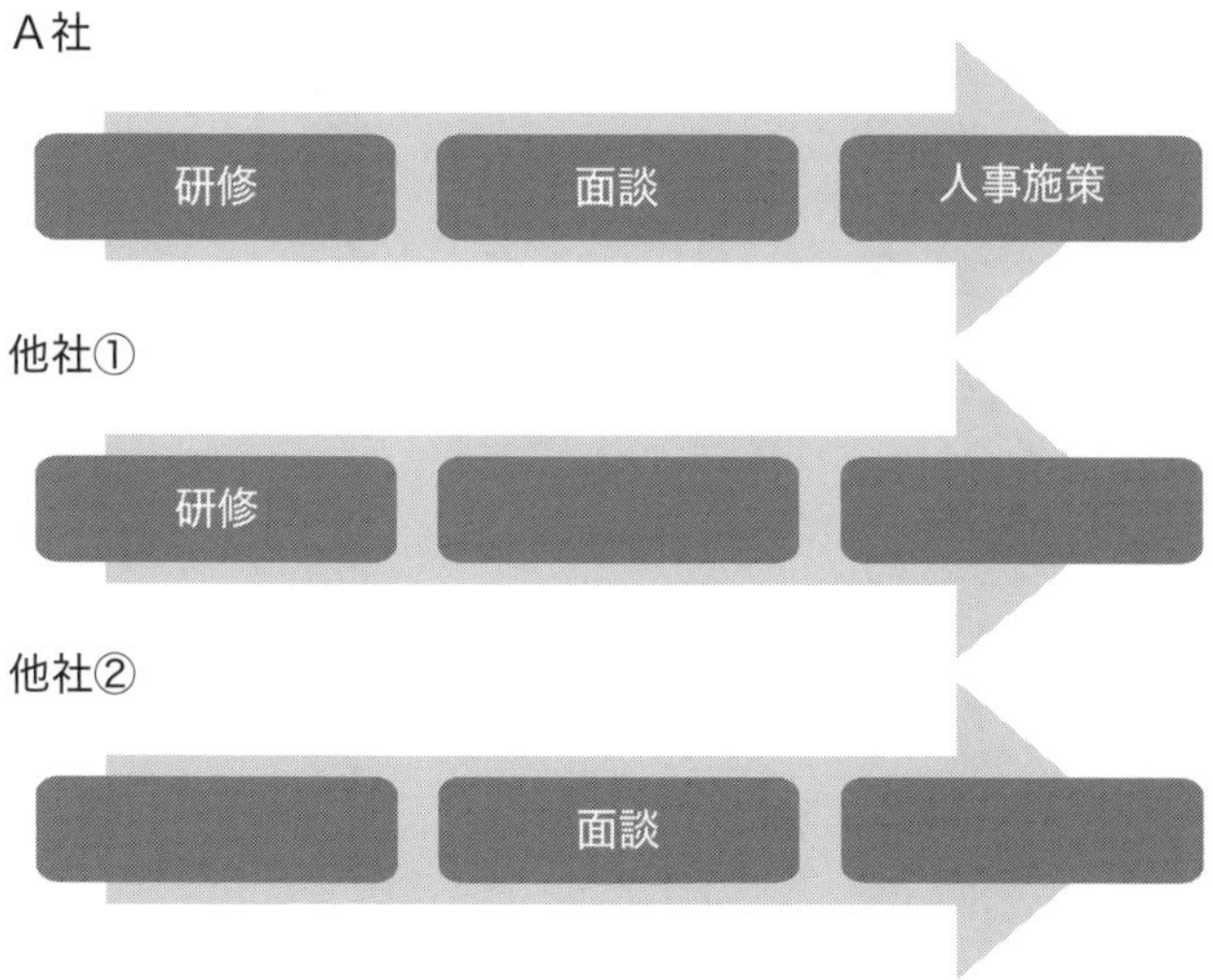

（筆者　宮内作成　2020）

図９　キャリア開発の一貫性の重要性

の「黄昏研修」が、社内研修の多くの実態なのです。

ただしSaks & Haccoun（２００４）によると、**研修で学んだことの60〜90%は職場で実践されていないといいます。**Grant & Hugues（２００７）は、研修を受けた従業員の47%が、研修で学んだ内容を職場で実践すると研修直後には考えているものの、半年後には12%、１年後には９%に減っていると指摘しています。

研修転移が起こらず「束の間」、「やりっぱなし」のキャリア開発支援になっていないかを念頭に置き、短期効果の視点ではなく長期効果の視点を持って設計していかなければならないのです。こうした観点から見ても、企業でのキャリア開発支援は大きな転換期を迎えているのではないかといえます。

○個人と企業の統合視点からのキャリア開発

新しい技術や市場のグローバル化は、個人の環境のみならず、その土台となる伝統的な社会構造そのものを大きく揺れ動かす「careerquake（キャリア地震）」であるとWatts（1996）は述べています。個人は自らのキャリアを自らが作り上げる発想が必要であることを説き、今後は**キャリアを「決める（choose）」のではなく、キャリアを「作り上げる（construct）」方向**に変化する必要があると述べています（Watts 2001）。第四次産業革命、Society 5.0と言われる昨今、未来軸で自身のキャリアを考えていかなければならないのです。

また、大手飲料メーカーの再雇用者について調査した兵賀（2018）は、やりがいを持てない事例の特徴に、仕事の進め方と変化、動機付け、マネジメント、会社への見方を挙げています。


「実務担当者となり挫折感を抱いている」

「仕事の変化に困惑し、不満を募らせている」

「仕事がマンネリ化して、面白さや興味が見つけづらい」

「責任がなくなり、リーダーシップが発揮できない喪失感がある」

「会社に対する信頼や愛着が薄れ、会社からの期待や自分の存在価値や意義が見つけにくくなった」。


これらは、同世代の心の内を代弁した語りです。これには個人・組織の意思の合意形成が必要ですが、まだ不十分です。サニー・ハンセンは著書『キャリア開発と統合的ライフ・プランニング』（2013）の中で、不確実な今を生きるための重要課題として次の六つを挙げています。

①変化するグローバルな文脈のなかでなすべき仕事を見つける

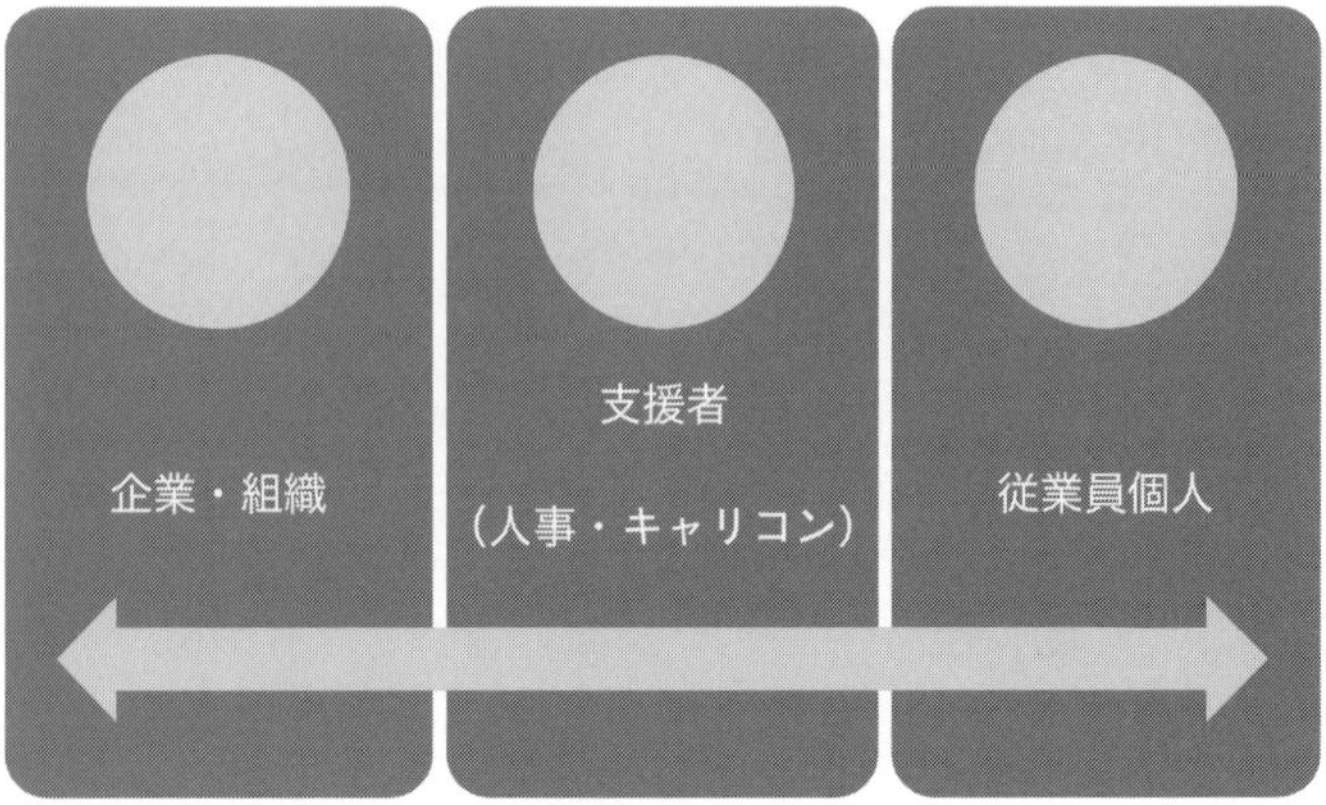

（筆者　宮内作成　2020）

図10　キャリア開発支援の枠組み

②人生を意味ある全体のなかに織り込む
③家庭と仕事をつなぐ
④多元性と包含性に価値を置く
⑤スピリチュアリティ（精神性・魂・霊性）と人生の目的を探求する
⑥個人の転換（期）と組織の変化のマネジメント

大きく変化している社会において個人のキャリア発達と組織のキャリア開発の相互作用が重要となる、と論じています。

キャリア開発の系譜に詳しい草野（2007）も、**キャリア開発は個人開発と組織開発をつなぐ役割を担っている**とまとめています。企業組織の視点が優先されている

HRD（人材育成、組織開発の活動：Human Resource Development）を、いかに個人（従業員）の能力開発につなげるかが課題なのです（図10）。

しかし、未だに特定の組織内でのキャリアを中心に考える人が少なくありません。個人のキャリア開発までを組織に委ねた弊害が未だに解消されていないのです。

「発達（development）」は個人においては言葉通りの発達、組織においては「開発」を指します。個人と組織の development が問われているのではないでしょうか。

○本書で実施した質的調査の概要

本書の企業データは、NTTコミュニケーションズのキャリア開発支援を対象としました。著者の浅井が橋渡し役を担い、同社の研修・面談受講者四名、上司三名のインタビュー調査を行いました。その後、同社のキャリアデザイン研修現場の参与観察を実施しました。

以下、本書で実施した質的調査は表8にまとめておきます。

表８　本研究の質的調査　――実施方法、対象、日時、実施時間――

方法	対象	日時	実施時間
インタビュー	A社ヒューマンリソース部A課長	2019年5月27日 10:30〜12:00	2時間
資料分析	A社キャリア開発支援資料222頁	2019年5月27日〜7月23日	140時間
講演会拝聴	A課長講演会「どうやってベテラン社員が活性化するか」	2019年7月24日 14:00〜17:00	3時間
資料分析	先行研究、A社研修ドラマ分析（DVD）	2019年7月24日〜10月14日	180時間
インタビュー	A社ヒューマンリソース部A課長（キャリア・ヒストリー）	2019年10月15日	1.5時間
資料分析	A社キャリア開発支援資料129頁	2019年10月15日〜10月22日	10時間
インタビュー	A社研修・面談受講者及び上司5名	2019年10月28日 11:00〜16:00	5時間
インタビュー	A社研修・面談受講者及び上司2名	2019年11月12日 13:00〜15:30	2.5時間
参与観察	A社キャリアデザイン研修	2019年11月14日 10:00〜17:30	7.5時間
テープ起こし、まとめ（インタビュー分）		2019年10月28日〜11月20日	40時間
テープ起こし、まとめ（研修分）		2019年11月14日〜11月20日	30時間
まとめ	A課長とのメール確認を含む	2019年11月20日〜2020年1月5日	140時間

（筆者　宮内作成　2020）

おわりに　ビジトレでキャリア開発

「あなたは、企業にとってお荷物ですか？」

本書のまとめは、第二章でも取り上げたこの問いから始めたいと思います。ビジトレで、ビジネスパーソンとしての一挙手一投足を変革し、これからそれを継続していくあなたは、もう、企業のお荷物ではありません。

キャリア開発という考え方は、広く認知されているとはいえません。専門的な用語として、堅苦しく聞こえるのではないでしょうか。組織や制度的な取り組みとして、自分たちのキャリア形成には関係ないこととして理解される傾向があります。

しかし、本書でみてきたように、キャリア開発とは個人でできることと、組織でできること、の双方を掛け合わせていくことで実践的な効果につながるのです。個人と組織の取り組みが、バラバラでは意味がないのです。個人と組織をつなぐ総合的な支援が必要です。

そしてこの取り組みを一人でも多くのビジネスパーソンに届けていかなければならないと考えています。そうした思いを込めて、「ビジトレ」という言葉を用いました。

ビジネス学習や継続的学習と重なる部分もありますが、より集中的かつ実践的な取り組みを想起していただくのに、トレーニングという考え方は、フィットしました。

また、著者三人にとって能力やスキル開発の原初体験というのは、それぞれのスポーツ経験にあります。浅井は卓球に、宮内と田中はテニスにそれぞれ打ち込んできました。特段、自慢できるほどの実績はないのですが、「自ら考え、スキルを上げていく」ことには真摯に取り組んできました。

目的意識を持たず、ただ、だらだらとプレイしていて、上達する選手はいません。ビジネスパフォーマンスにも、同様のことが言えるはずです。目的意識を明確にして、適切な負荷をかけてトレーニングしていくことで、スキルや能力は確実に開発されていくのです。

NTTコミュニケーションズでは、非管理職が50歳になると集合研修と1on1のキャリア面談を受講して65歳まで勤務を続けています。浅井は、これらの1on1キャリア面談に十分な手応えを感じています。そして、社内での集団研修も効果があります。宮内が自負するように、「黄昏研修」ではないのです。

浅井が伝えたいのは、「こうすれば社員が活性化する」という業務マニュアルではなくて、「こうして活性化した社員がいる」という「行動変革」の軌跡なのです。企業の事業を支えているのは、ベテラン社員であるということも改めて認識されなければならないのです。

浅井がこれまでの6年間で大切にしてきたことは、「徹底的に現状把握する」でした。ミドルシニア社員を活性化させるために企業が取り組むべき具体的な施策は次の通りです（表9）。

ビジネスパーソンは、いつからでもキャリアを開発させることが可能なのです。そのため

表９　企業が取り組むべき具体的な施策

研修効果を上げる方法を考え抜く
マインドチェンジやモチベーション向上に関する研修についての経営層の理解を深める
若手社員や管理職層にも面談を実施する
研修と面談の位置付けを明確に設定する
若手社員と同等の機会提供（海外転勤、教育、昇進、成長分野への異動）
全社員施策としてキャリア相談室を開設する
管理者向け施策として説明会の実施／定期的ブラッシュアップ
キャリア面談の個人レッスン　部下育成の個別相談
トレーニングパートナー　ロープレによる面談スキルの向上
ベテラン社員　キャリアデザイン研修の継続
フォローアップ研修（健康診断的に実施・受講カルテの作成）
目標達成度合いや行動習慣の定着度合いを観察
ベテラン専用 Web の開設（ベテラン同士のコミュニティの場）

（筆者　浅井・田中作成　2020）

には、キャリア研修やキャリア面談をビジネスパーソンが自分事として主体的に取り組むことが鍵になります。それを仕組みとして作っていくことが、経営者や人事担当者の役割なのです。

今後の70歳定年延長、定年制廃止を見据え、企業と個人のあるべきキャリア開発支援方法については、次の二点がポイントになります。

第一に、個人としては、一人ひとりが今までの経験を整理し、組織での新たな役割に対応できるようマインドセットとともに自己研鑽をし続けることが大切になります。社内外のネットワークを再構成し、後進のキャリアモデルとして、育成・メンターなどを積極的に行うようにしましょう。

第二に、企業としては、ミドルシニア層にまだまだ期待しているという強いメッセージをトップから届けていくようにしましょう。そうすることで、企業文化を再構築していくことが重要になります。ビジトレを通じて、個人も組織も変革していくことができるのです。具体的には、職場には従来の経験を活かしながらストレッチの効いた新たな役割と責任を作ること。70歳定年を見越し、キャリアカウンセリング室を中心とした入社から定年までのキャリア開発支援制度を作ることです。浅井も現在、NTTコミュニケーションズでキャリア開発支援室の立ち上げに向けて準備を進めています。

人事研修担当が組織と個人の媒介役（積極的な変革推進者＝チェンジ・エージェントあるいはエバンジェリスト）となり、キャリア開発支援を行うことが緊要です。そしてキャリア開発支援者にも専門性の高いスーパーバイザーが必要になります。

表10　統合的キャリア開発支援モデル「一貫した取り組み」

企業	トップメッセージ	シニアを承認する強いメッセージ、組織制度・風土作り
	シニア施策	シニアアドバイザーなど新たな役割・責任。評価・報酬
	ストレッチワーク	働き甲斐のある仕事
	キャリア研修	マネーだけではなくライフキャリアの視点
	キャリアカウンセリング	社内、社外。キャリアカウンセリング室
個人	キャリア自律	役割・責任の変化に対応する、マインドセット
	リカレント	アンラーン後の学び直し、自己啓発など
	ネットワーク	社内外のネットワーク再構築
	後進育成	OB組織、メンター制度の強化役割
	新規事業	100年時代を見据えた柔軟な発想(社内外)
媒介役	人事研修担当（専任）	積極的な変革推進者（チェンジエージェント）
	社内外キャリアコンサルタント	キャリア開発（研修、面談、アセスメント）

(筆者作成 2020)

それらの結果を踏まえて、本書の最後に「統合的キャリア開発支援モデル」（表10）の必要性を述べておきます。何よりも大切なのが、企業内での「一貫した取り組み」です。そのためには、企業と個人が、短期・中期・長期のキャリア開発目標を計画し、ともに合意し実施する必要があります。そして媒介役として研修・育成担当のエンパワーメントが必須となります。

ただし人事部門主催の「研修・面談」はどうしても強制的で形式的になりがちです。受講する社員も受け身になりがちなのです。研修担当者や人事が橋渡し役として、組織と個人の対話を促し、双方が主体的にキャリア開発に臨むことが理想の形といえるでしょう。研修コンテンツも、社会変化に適合させる形で、アップデートさせていくのです。

「主体的なキャリア開発」には組織・個人双方の責任が伴います。従来のように一組織の人事部門主体ではなく労働組合、業界、地域主体でキャリア開発支援を実施することも良いのではないでしょうか。

企業（組織）が主体的にミドルシニアのキャリア開発を進めること、個人（従業員）も主体的にキャリア開発を進めること、そして媒介役としての人事研修担当者・社内外のキャリアコンサルタントが主体的に関わること、つまり統合されたキャリア開発支援が、一人でも多くのビジネスパーソンの働きがいや生きがいを支え、増幅させていくのです。

○著者からのメッセージ

最後に、著者三人から同志の皆さんにメッセージを送ります。

浅井公一

「浅井さん、総合評価の結果ですが、今回はCでした」

Cというのは、三段階で行われる総合評価の一番下のフィードバックです。私にとってみれば「今回は」ではなく「今回も」です。私に限らず、50代社員にとって、これは日常の風景です。半期ごとの業績評価は成果に見合った評価が付きますが、年間を通した総合評価は、なかなか高い評価はもらえません。なぜなら、NTTコミュニケーションズの場合、総合評価は昇格に直結していたからです。

まさに「功のあった人には禄を与えて、能力のある人には位を与えよ」という西郷隆盛の言葉を忠実に実行しているわけですが、その言葉に「年齢に関わらず」という一語が入っていれば、現代のベテラン社員のモチベーションは全然違っていたかもしれません。

C評価の私がベテラン社員に対して「A評価をとるという目標達成のために、あなたは何をしますか?」と問う仕事をしているのも滑稽な話ではありますが、私との面談を楽しみに来てくれる社員がたくさんいます。また、面談後、「元気が出た」と言って帰っていく社員がたくさんいるのも事実です。そして、そんな声を聞き、心地よさを楽しんでいる私もいるのです。

そうです! 昇進できなくても、評価が低くても、私はこんなに楽しい毎日を過ごせていますし、私の面談を受けて幸せになってくれる人もたくさんいるのです。

NTTコミュニケーションズはとてもいい会社です。幸せになれる会社です。それは間違いありません! ただ、自分のスタンス次第では最悪な会社になってしまいます。現状の捉え方一つで幸せにもなれる会社であり、不幸にもなる会社なんです。

幸せになるためには、キャリア構築に欠かせない思考法を学ぶ必要があります。本書を読んでくださったあなたが、もし「ベテラン」と言われる年齢になったと感じるのなら、まず現状を受け入れることからスタートしてください。

会社の人事評価の運用に抗ったところで変えることはできません。自分でコントロールできないことは「前提条件」として受け入れるしかないのです。そして、その条件下で自分がどうしたら幸せになれるかを考えていきましょう。

ある会社で講演をした時、こんな質問をいただきました。

「うちの会社は何でもチャレンジしやすい文化があります。でも、何度チャレンジしても失敗続きで、それでモチベーションを落としていく社員が多いのも、うちの会社の特徴です。そういう人に、浅井さんならどう励ましますか?」

私ならこう答えると言いました。

「失敗続きの人はチャレンジしなければこんなことにならなかったのに、と後悔しているでしょう。でも、チャレンジしなかった方が本当に良かったのでしょうか？　その人は失敗することしか今、見えていません。実はチャレンジしなかった人は、チャレンジして成功した人を見て後悔しているのです。私もチャレンジしておけばよかったと。どちらの後悔を選びますか？　結局はあなたの捉え方一つなんです」

幸せを感じていないと良い仕事ができません。裏を返せば、社員が幸せになれば、その社員は良い仕事をし、成果を出してくれます。個人が幸せになるということは、会社にとってもＷｉｎ－Ｗｉｎの関係をもたらします。

自分が幸せだと思えるようになるためにどう働き、どう生きるのか？　繰り返しますが、捉え方一つなんです。

そして、幸せだと思えるビジネスパーソンを一人でも多く生み出していくために、その思考法を教えることを「生業」にできるのが**企業内キャリアコンサルタント**の醍醐味であり、組織としてその醍醐味を存分に発揮できる仕組みを構築することこそが「ビジネス×トレーニング」なのです。

宮内正臣

　お金とキャリアに関するカウンセリングと社外講師を始めて20年近くになります。大学、企業、シルバー大学で、20代から90代までの方たちに触れながら、一体私は何を伝えたいのだろう、と模索する日々を過ごしていました。

　その答えを見つけ出そうと法政大学大学院キャリアデザイン学研究科の門をたたき田中研之輔教授からご指導をいただきました。その成果は修士論文『50代正社員の「キャリア開発支援」に関する一考察：大手情報通信A社におけるヒアリング調査から』（２０１９年度法政大学大学院　キャリアデザイン学研究科）としてまとめることができました。修士論文の完成後は、田中教授にバトンを渡しました。これまで考えてきたことが、こうして一冊の著作にまとまったことは、望外の喜びです。

　私は大学卒業後、外資系の出版社に編集者として7年勤め、自律神経失調症と倒産を経験しました。その後、義父の税理士事務所に11年勤めて、独立しました。会社を作ったのが、会社員であった28歳の時ですから、複業・兼業のはしりでもあります。出版社時代に身に付けた編集技術が学生たちのエントリーシート類の添削に、税理士事務所時代に身に付けた業界・企業分析手法、高校・大学時代に劇団ひまわりで身に付けた演技力が面接対策に、もちろんキャリアコンサルタントの養成講座以来、学び続けているキャリアの理論が、今の自分を支えています。人生で無駄なことは一つもない、経験を組み合わせれば必ず強みになる、と確信している所以です。

バブル時代に社会人になりました。「24時間戦えますか」というCMが流れ、当時の上司たちは「5時から男」を地で行くパワフルな時代でした。そんな上司の齢になり自分が若者を引っ張っていけているのか、いや自分自身が毎日を楽しんでいるのか、という思いが強くあります。自分が思い切り楽しんでいる姿を若者に見せたい一心で日々を過ごしています。

キャリアの理論で言うところのキャリアモデルを目指しています。若者から高齢者までを対象にしている同業者はほぼ皆無です。やはり法政大学でご指導を受けた宮城まり子先生は「生涯育自」、人は一生涯発達し続けると仰っています。

「どう生きた」も確かに大事ですが「これからどう生きるか」がもっと大切ではありませんか。キャリアデザインとは、自らが主体的に自身の職業生活や人生を設計していくことです。明日から劇的に変わる人生はなかなかありません。今から備えておくこと、をご提案申し上げたいと思います。

講義の中で「今週30分以上いた場所は何か所ありますか?」「今週30分以上話した人は何人いますか?」とよく問います。年齢とともに自分の行動範囲が狭まってはいませんか。これを広げること、今日からできることではないでしょうか?

そして無理はしないこと。健全な精神は健全な肉体に宿る。先人はいいことを言うものです。等身大のご自身と向き合いながら5年先を考えて一歩踏み出してみてはいかがでしょうか。

田中研之輔

「働かないおじさん」という言葉が嫌いです。他の社員と比べて「働かない」のだとしたら、「なぜ、働かないのか?」を明らかにすることなしに、このような言葉を用いるべきではない。私はそのように考えています。

本書は社外研修講師を務めていた宮内さんの問題意識に始まります。問題意識から「50代のビジネスパーソンの働き方の現状を分析する」という方向性を定め、修士論文の検討に取り組むことになりました。宮内さんと私の「社外の視点」では、限界がある。

そう感じた頃、『日本の人事部』で登壇機会をご一緒した浅井さんに相談しました。社内で活躍する浅井さんの力を借りることで、より具体的な内容へと踏み込むことができました。

本書を読み終えた後、あなたはそれでも「働かないおじさん」という言葉を使いますか？私たちが認識しておくべきことは、「働かないおじさん」というのは、誰もが当事者になり得る「私たち自身（の問題）」であるということなのです。いま、30代のビジネスパーソンの方々でも、思うように結果を出せずに、モチベーションを落としてしまうことも多々あるはずです。40代のビジネスパーソンなら、昇進・昇格をしていく同僚の姿をみて、自信を失う瞬間もやってきます。

だからこそ、必要なのは揶揄することではなくて、対処法を発見し、実践していくことです。

ビジトレには、そんな狙いを込めました。

「キャリア開発」は、個人と組織、それぞれの取り組みが欠かせません。個人と組織がそれぞれにパフォーマンスを高めていくというベクトルにおいて、現場での創発的なコラボレーションが生まれてくるのです。

私たちは一つの組織にキャリアを預けて生きていくことはできません。私たち一人ひとりが組織を支えていく、そんな気概が必要なのではないでしょうか?

定年までの「逃げ切り」を考えるディフェンシブなレースより、定年の先も「駆け抜ける」そんな積極的な働き方を心がけていきたいものです。日々の取り組みや心がけを変えてみる。そして、目の前のできることから一つひとつはじめてみましょう。

ビジトレは、はじめの一歩。

二歩目は、あなたが踏み出してください。

ビジトレとの出会いをきっかけに、

個人と組織がともにブーストしていく、

そんな「変化」を目撃するその日を

著者一同楽しみにしています。

引用・参考文献

浅川 正健 (2019). 企業内キャリアコンサルティング入門——個人の気づきを促し、組織を変える—— ダイヤモンド社

浅野 浩美 (2017). エルダー 生涯現役を実現するためのキャリア開発支援 (pp.44-47) 高齢・障害・求職者雇用支援機構

Bandura, A. (1977). *Social Learning Theory.* Englewood Cliffs, NJ: Prentice Hall. (バンデューラ, A. 原野 広太郎 (監訳) (1979) 社会的学習理論——人間理解と教育の基礎—— 金子書房)

Brinkerhoff, R. O., & Apking, A, M. (2001). *High Impact Learning: Strategies For Leveraging Performance And Business Results From Training Investments.* Cambridge, MA: Basic Books.

Cooperrider, D. L., & Srivastva, S. (1987). Appreciative Inquiry in Organizational Life. In R. W. Woodman & W. A. Pasmore (Eds.), *Research in Organizational Change and Development* (Vol.1, pp.129-169). Stamford, CT: JAI press.

Deci, E. L., & Ryan, R. M. (2012). Motivation, personality, and development within embedded social contexts: An overview of self-determination theory. In R. M. Ryan (Ed.), *The Oxford handbook of human motivation* (pp.85-107). New York: Oxford University Press.

藤本 真 (2018).「キャリア自律」はどんな企業で進められるのか——経営活動・人事労務管理と「キャリア自律」の関係—— 日本労働研究雑誌, *691*, 115-126.

Grant, M., & Hugues, P. D. (2007). Learning and development outlook: Are we leaning enough. *Conference Board du Canada*, 76.

Hall, D. T. (1996). *The Career is Dead: Long live the Career.* Jossey-Bass Publishers. (ホール, D. T. 尾川 丈一・梶原 誠・藤井 博・宮内 正臣 (監訳) (2015) プロティアン・キャリア 生涯を

通じて生き続けるキャリア――キャリアへの関係性アプローチ―― 亀田ブックサービス)

花田 光世・宮地 夕紀子 (2003). キャリア自律を考える――日本におけるキャリア自律の展開―― CRL REPORT No.1, 1-14.

花田 光世・宮地 夕紀子・大木 紀子 (2003). キャリア自律の新展開 一橋ビジネスレビュー, *51* (1), 6-23.

花田 光世 (2016). キャリア開発の新展開 労務行政研究所 (編) これからのキャリア開発支援――企業の育成力を高める制度設計の実務――(pp.10-55) 労務行政

Hansen, S. S. (1996) . *Integrative Life Planning: Critical Tasks for Career Development and Changing Life Patterns*. San Francisco: Jossey-Bass. (ハンセン, S. S. 平木 典子・今野 能志・平 和俊・横山 哲夫 (監訳) 乙須 敏紀 (訳) (2013). キャリア開発と統合的ライフ・プランニング――不確実な今を生きる6つの重要課題―― 福村出版)

堀内 泰利・岡田 昌毅 (2009). キャリア自律が組織コミットメントに与える影響 産業・組織心理学研究, *23* (1), 15-28.

兵賀 直俊 (2018). 食品メーカーNTTコミュニケーションズ社における再雇用管理職の現状と心理的要因の分析 法政大学大学院修士論文 (未完行)

石山 恒貴・パーソル総合研究所 (2018). 会社人生を後悔しない40代からの仕事術 ダイヤモンド社

木村 周 (2018). キャリアコンサルティング 理論と実際 5訂版 雇用問題研究会

Kolb, D. (1984). *Experiential Learning: Experience as the resource of Learning and Development*. Englewood Cliffs, NJ: Prentice Hall.

Kolb, D. A., & Peterson, K. (2017) *How You Learn Is How You Live: Using Nine Ways of Learning to Transform Your Life*. Oak-

land: Berrett-Koehler Publishers.（コルブ，D. A.・ピーターソン，K. 中野 眞由美（訳）（2018）最強の経験学習——ハーバード大卒の教授が教える、コルブ式学びのプロセス—— 辰巳出版）
厚生労働省（2007）.「生涯キャリア支援と企業のあり方に関する研究会」報告書 Retrieved from https://www.mhlw.go.jp/houdou/2007/07/h0720-6d.html（2020年3月10日）
厚生労働省（2014）. キャリアコンサルタント養成計画に係る専門検討会報告書 キャリア・コンサルティング関係資料 Retrieved from https://www.mhlw.go.jp/file/05-Shingikai-11801000-Shokugyounouryokukaihatsukyoku-Soumuka/0000051241.pdf（2020年3月10日）
厚生労働省（2019）.「セルフ・キャリアドック」導入の方針と展開——従業員の活力を引き出し、企業の成長へとつなげるために——
草野 千秋（2007）. 人的資源開発の理論的系譜と概念の整理——個人開発と組織開発をつなぐキャリア開発—— 京都大学経済学研究科 Working Paper J-64
宮城 まり子（2005）. キャリア開発支援とキャリアカウンセリングの実際——キャリアカウンセラーの役割と責任に関する一考察—— 立正大学心理学研究紀要，*3*，73-80.
宮島 裕（2012）. 自律的キャリアの課題についての一考察——自律的キャリアと組織の関係—— 目白大学経営学研究，*10*，105-117.
中原 淳・島村 公俊・鈴木 英智佳・関根 雅泰（2019）. 研修開発入門 研修転移の理論と実践 ダイヤモンド社
中原 淳（2017）. フィードバック入門——耳の痛いことを伝えて部下と職場を立て直す技術—— PHP ビジネス新書
中村 文子・ボブ，パイク（2019）. 研修アクティビティハンドブック 日本能率協会マネジメントセンター

日本経済団体連合会（2016）．ホワイトカラー高齢社員の活躍をめぐる現状・課題と取組み　Retrieved from https://www.keidanren.or.jp/policy/2016/037_honbun.pdf（2020 年 3 月 11 日）

日本の人事部編集部（編）（2019）．日本の人事部 人事白書 2019

OECD（2013）. *Art for Art's Sake?: The Impact of Arts Education.* Oecd Publishing.（OECD 教育研究革新センター　篠原 康正・篠原 真子・袰岩 晶（訳）（2016）　アートの教育学――革新型社会を拓く学びの技――　明石書店）

大坪 英二郎（2018）．定年前後の就業に関する意識と実態――50 代・60 代を対象としたアンケート調査結果より――　Dia News No.93, 4-7.

パーソル総合研究所（2019）．HITO REPORT アジア太平洋地域における就業実態・成長意識調査

Rock, D.（2009）. *Your Brain at Work: Strategies for Overcoming Distraction, Regaining Focus, and Working Smarter All Day Long.* New York: Harper Business.（ロック，D.　矢島 麻里子（訳）（2019）最高の脳で働く方法 Your Brain at Work　ディスカヴァー・トゥエンティワン）

労働政策研究・研修機構（2017）．日本企業における人材育成・能力開発・キャリア管理　労働政策研究報告書，*196*，136-202.

労働政策研究・研修機構（2018）．データブック国際労働比較（2018 年版）

労務行政研究所（編）（2016）．これからのキャリア開発支援――企業の育成力を高める制度設計の実務――　労務行政

斎藤 孝（2019）．55 歳からの時間管理術――「折り返し後」の生き方のコツ――　NHK 出版

Saks, A. M., & Haccoun, R. R.（2004）. *Managing performance through training and development.* Scarborough, Ont: Nelson.

産業人材政策室（2017）．「人生100年時代」の企業の在り方――従業員のキャリア自律の促進―― Retrieved from https://www.meti.go.jp/committee/kenkyukai/sansei/jinzairyoku/jinzaizou_wg/pdf/004_04_00.pdf（2020年4月13日）

Schein, E. H.（1990）. *Career Anchors: Discovering Your Real Values.* New York: Jossey-Bass.（シャイン，E. H. 金井 寿宏（訳）（2003）キャリア・アンカー――自分のほんとうの価値を発見しよう―― 白桃書房）

Schein, E. H., & Van Maanen, J.（2013）. *Career Anchors: The Changing Nature of Careers Self Assessment 4th Edition.*）. San Francisco: John Wiley & Sons.（シャイン，E. H. マーネン，J. V. 木村 琢磨（監訳）尾川 丈一・清水 幸登（訳）（2015）キャリア・マネジメント――変わり続ける仕事とキャリア―― 白桃書房）

Schein, E. H.（1978）. *Career Dynamics: Matching Individual and Organizational Needs.* Reading MA: Addision-Wesley.（シャイン，E. H. 二村 敏子・三善 勝代（訳）（1991）キャリア・ダイナミクス――キャリアとは、生涯を通しての人間の生き方・表現である。―― 白桃書房）

Schein, E. H.（2009）. *Organizational Therapy: Multiple Perspectives.* North Andover: Alternative View Publishing.（シャイン，E. H. 尾川 丈一・稲葉 祐之・木村 琢磨（訳）（2014）組織セラピー――組織感情への臨床アプローチ―― 白桃書房）

Schein, E. H.（2009）. *The Corporate Culture Survival Guide.* San Francisco, CA: John Wiley & Sons.（シャイン，E. H. 尾川 丈一（監訳）松本 美央（訳）（2016）企業文化 改訂版 白桃書房）

Schön, D. A.（1983）. *The Reflective Practitioner: How Professionals Think in Action.* New York: Basic Books.（ショーン，D. A. 柳

沢 昌一・三輪 建二（監訳）(2007) 省察的実践とは何か――プロフェッショナルの行為と思考―― 鳳書房）
下村 英雄 (2009). 成人キャリア発達とキャリアガイダンス――ライフライン法の予備的分析を中心とした検討―― JILPT Discussion Paper
下村 英雄 (2013). 成人キャリア発達とキャリアガイダンス――成人キャリア・コンサルティングの理論的・実践的・政策的基盤―― 労働政策研究・研修機構
下村 英雄 (2016). 企業におけるキャリア開発支援の変遷と進むべき道 労務行政研究所（編）これからのキャリア開発支援――企業の育成力を高める制度設計の実務――(pp.56-72) 労務行政
総務省統計局 (2018). 労働力調査 2018 Retrieved from https://www.stat.go.jp/data/roudou/report/2018/pdf/summary1.pdf (2020 年 3 月 19 日)
Sterns, A. A., Sterns, H. L., & Lisa, A. (1996). The productivity and functional limitations of older adult workers. In W. H. Crown (Ed.), *Handbook on employment and the elderly*, (pp.276-303). Westport, CT: Greenwood.
鈴木 克明 (2016). 視点 1 研修設計のシステム的方法論 RMS Message, *43*, 9-11.
鈴木 竜太 (2014). 組織内キャリア発達における中期のキャリア課題 日本労働研究雑誌, *56* (12), 35-44.
鈴木 竜太・服部 泰宏 (2019). 組織行動――組織の中の人間行動を探る―― 有斐閣
高橋 浩・増井 一 (2019). セルフ・キャリアドック入門――キャリアコンサルティングで個と組織を元気にする方法―― 金子書房
武石 恵美子 (2016). キャリア開発論 中央経済社
田中 研之輔 (2015). 丼家の経営――24 時間営業の組織エスノグラ

フィー―― 法律文化社
田中 研之輔 (2019). プロティアン――70歳まで第一線で働き続ける最強のキャリア資本術 日経BP
田中 研之輔・山本 和輝 (2019). 辞める研修 辞めない研修――新人育成の組織エスノグラフィー―― ハーベスト社
Watts, A. G. (1996). *Careerquake: Policy Supports for Self-managed Careers*. London: Demos.
Watts, A. G. (2001). Career education for young people: Rationale and provision in the UK and other European countries. *International Journal for Educational and Vocational Guidance, 1*, 209-222.
山川 肖美 (2004). 経験学習――D・A・コルブの理論をめぐって――赤尾 勝己 (編) 生涯学習理論を学ぶ人のために 世界思想社
山本 直人 (2018). 50歳の衝撃――はたらく僕らの生き方が問われるとき―― 日経BP

執筆者紹介

田中研之輔

法政大学キャリアデザイン学部教授。一般社団法人プロティアン・キャリア協会代表理事。UC. Berkeley 元客員研究員、University of Melbourne 元客員研究員、日本学術振興会特別研究員 SPD（東京大学）。博士（社会学）。一橋大学大学院社会学研究科博士課程修了。専門社会調査士。

専門はキャリア論、組織論。社外取締役・社外顧問を 29 社歴任。著書 26 冊。近著として『プロティアン教育――三田国際学園のキャリアエスノグラフィー』（2021　キャリアナレッジ）『プロティアン――70 歳まで第一線で働き続ける最強のキャリア資本術』（2019　日経 BP）。ほか『辞める研修 辞めない研修』『先生は教えてくれない就活のトリセツ』『ルポ 不法移民』『丼家の経営』『都市に刻む軌跡』『走らないトヨタ』、訳書に『ボディ＆ソウル』『ストリートのコード』などがある。ソフトバンクアカデミア外部一期生。日本の人事部、日経 STYLE 他メディア多数連載。

浅井公一

NTT コミュニケーションズ株式会社ヒューマンリソース部人材開発部門キャリアコンサルティング・ディレクター。国家資格キャリアコンサルタント。
1981 年、高校卒業後、電電公社に入社。1999 年、NTT 再編時に NTT コミュニケーションズに配属。2006 年から 7 年間、労働組合の幹部を歴任後、2013 年、ヒューマンリソース部人事・人材開発部門へ異動と同時に 50 歳社員のモチベーション問題に取り組む。たった一人で実施してきたキャリア面談は 7 年間で約 2,000 人、キャリアコンサル手法を指導したマネージャも 600 人を超えた。圧倒的な面談量をもとに自然に作り上げられていった面談スタイルが、ベテラン社員たちにシンクロ。その結果、面談を受けた社員の上司の 7 割が、面談受けた社員の行動変容を認めている。

宮内正臣

株式会社時空工房代表取締役。修士（キャリアデザイン学）。

埼玉大学大学院理工学研究科・和光大学非常勤講師。2 級キャリアコンサルティング技能士、1 級ファイナンシャル・プランニング技能士、公認心理師。

訳書に『プロティアン・キャリア――生涯を通じて生き続けるキャリアキャリアへの関係性アプローチ』（2016　亀田ブックサービス　監訳）、著書に『就職の家庭教師――絶対！内定をつかむ 74 の必勝法　2014 年度版』（2012　マガジンハウス　共著）。

ビジトレ
今日から始めるミドルシニアのキャリア開発

2020年6月25日　初版第1刷発行　　検印省略
2022年1月20日　初版第3刷発行

著　者　田中研之輔
浅井公一
宮内正臣
発行者　金子紀子
発行所　株式会社 金子書房
〒112-0012　東京都文京区大塚3-3-7
TEL 03-3941-0111（代）／FAX 03-3941-0163
振替 00180-9-103376
URL https://www.kanekoshobo.co.jp

本文デザイン　竹内宏和（藤原印刷株式会社）
DTPオペレーター　米沢和恵（藤原印刷株式会社）
編　集　木澤英紀（株式会社金子書房）
印　刷　藤原印刷株式会社
製　本　一色製本株式会社

ISBN978-4-7608-3281-1　C0030　Printed in Japan